ストーリーで学び直す

大人の日本史講義

古代から平成まで一気にわかる

学研プライムゼミ講師
野島
Hiroyuki

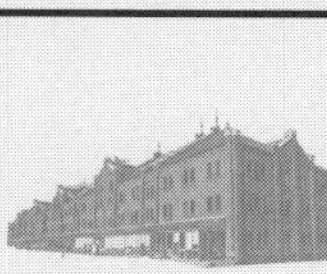

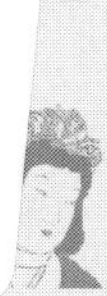
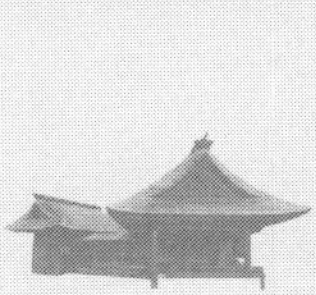

祥伝社

目次

ストーリーで学び直す
大人の日本史講義――古代から平成まで一気にわかる

第2章　秩序なき世の申し子、武士の大躍進　中世　59

近世　101

第3章　実力主義から身分社会へ

第4章　敗者の理性と勝者の興亡　近代　167

第5章　すがるべき原理の喪失

まえがき

――シーラカンスになりたくないなら

野島博之《のじまひろゆき》

「日本っていつから日本という名前になったの?」「なんで信長以外の戦国武将は鉄砲を使いまくらなかったのかな? 勝てるのに」「わび・さびって何?」――。

海外に行くと、そのコミュニティーでは、どうしたって日本代表とみなされ、日本の社会や歴史、文化についてしつこく聞かれます。そうでなくても、仕事相手との雑談の中で、あるいはニュースを聞いている時に、自国の歴史に「なんで?」という気持ちを抱いたことのある人は多いはず。

しかも、そう思っても答えは出てこない。歴史は暗記だという風説が根強く流布していて、多くのヒトが年号や重要な用語を丸呑みしつつ学校のテストに臨んできたからです。命を吹き込まれていない知識は、アッという間に散り散りになって消えていきます。

あとには、「歴史なんてつまんないなあ」という感覚だけが残されます。ところがやがて、狭量でつまらない精神に囚われていたのは、むしろ自分自身だったかもしれないと気づかされた……。大体のところ、こんな感じで、本書を手にとってみることになったのだろうと思います。

落ち着いて考えればすぐにわかることですが、歴史とは本来、有機的で重層的な無数のつながりによって構成されています。どのあたりに焦点を合わせた本にするか。専門性の高いシリーズ本や事件・

人物を扱った概説書などは、すでに無数にあります。あれこれ検討した末、大学入試のレベルを基準にして歴史のストーリーを追いかけてみることにしました。東大教室（東大受験生を対象にしたライブ授業、学研プライムゼミ）のエッセンスも、あちこちに盛り込んであります。

最新の研究成果にも目を配りました。私たちが受験勉強を〝卒業〟して以来、高校用教科書は、藤原京の構造図や鎌倉時代の裁判の様子、あるいは、武士による私的武力行使を禁じた惣無事の観念などを次々に採用してきました。数百の新項目のうちのほんの一例です。

いうまでもないことですが、僕たちは、とてつもない変化の時代に生きています。比較的豊かな社会の中で着々と育成された若者は、ものすごい力をあちこちで開花させつつあります。

真剣に大学受験をめざす層が身につけつつある日本史像は、すっかり様変わりしてしまいました。化石のような人間――シーラカンスになりたくないなら、「大人」もまた必死に学び続けるしかありません。

第1章　日本、国として歩み出す

原始・古代

原始〜縄文時代　日本の起源

「日本人」はいつ頃生まれたか

原始時代における最大の画期は、なんといっても「氷河時代」の終わりにあるといえるでしょう。

地球上に、最初の人類である「猿人」が出現したのは今から約700万年前頃のこと。約260万年前頃には「原人」が出現し、「旧人」「新人」と進化を遂げていくわけですが、今から約1万3千年前頃に氷河時代が終わり、温暖化が始まったのです。これにより、人類は大発展を遂げることになりました。

地質学でいうところの「更新世」「完新世」の区切りも氷河時代の終わりなら、考古学でいうところの「旧石器時代」「新石器時代」を区切るのも氷河時代の終わりです。旧石器とは打ち欠いただけの「打製石器」、新石器とは磨くという作業が施された「磨製石器」のこと。つまり、温暖化が文明を大きく発達させ、人類を新たなステージへと促したのです。

もともと、日本とアジア大陸は陸続きでしたが、この温暖化によって海面が上昇し、ほぼ現在の形に近い日本列島が誕生しました。日本史上の区分でも、ちょうど氷河時代の終わり頃から始まるのが「縄文時代」ということになります。

現在わかっている、日本における最古の人骨は、沖縄県具志頭村《ぐしかみそん》（現・八重瀬町）から出土した、約1万8千年前の化石人骨（「港川人」）です。静岡県浜北市（現・浜松市）からも、約1万4千年前頃の「浜北人」が出土しており、これらはともに約2万年前頃、東南アジアから南西諸島経由で日本列島に入ってきた人種「古モンゴロイド」とされています。

また、約5千年前頃には、シベリアから朝鮮半島経由で「新モンゴロイド」が入ってきます（一説には、サハリン経由で北海道に渡来したとも）。前者は「縄文人」、後者は「弥生人」と呼ばれ、この両者が混血を重ねることで、現在の「日本人」の祖先がつくり出されていったと考えられるのです。ただし、約10万年前のものとされる地層から旧石器が見つかっており、これを最古の生活痕跡と考える説もあります。縄文時代は1万年近く続き、時代名の由来でもある「縄文土器」は日本全国で発掘されています。狩猟、漁労、採取を中心とした生活でしたが、土器の発明で食料の煮炊きが可能になり、人々の生活は飛躍的に豊かになりました。

1992年に始まった青森県の「三内丸山遺跡《さんないまるやま》」の本格的な発掘調査では、縄文時代中期頃までには野菜や穀物の栽培はもちろん、果実酒の製造まで行われていたことがわかりました。そこには1500年もの間、続いた集落があったといいます。また、私たちが習った教科書では長い間「弥生時代」以降と考えられていた朝鮮からの水稲耕作の伝来も、近年、縄文時代後期頃とされるようになりました。従来の想定よりも、遙かに文明的な生活が繰り広げられていたわけです。

縄文時代は総じて争いごともなく、実に平和な、ある意味理想的な時代でした。

弥生時代　「戦争」の歴史の始まり

昔の日本情報はなぜ中国頼みなのか

今から2400年ほど前（紀元前4世紀頃）になると、次第に農耕が発達し、米の貯蔵が始まりました。それにより貧富の差が生まれ、やがて、集落（ムラ）のなかには有力者（リーダー）が出てくるようになります。**ムラ同士は、よりよい農地や貯蔵された余剰作物をめぐり、戦いを繰り広げるようになりました。こうして長く平和な縄文時代は終わり、人々は、今日にまで続く戦争の歴史へと踏み出したのです。**「弥生時代」のスタートです。

弥生時代には、厚くて縄目のある縄文土器に代わり、薄くて装飾のない「弥生土器」が主流になりました。弥生土器は熱伝導がよく、米の煮炊きに最適でした。また、縄文時代には基本的に石器が使われていましたが、弥生時代中期になると朝鮮半島から鉄がもたらされ、徐々に鉄器が使われるようになります。当初、工具や農具に使われた鉄器は、やがて武器として用いられるようになり、戦争の主役となっていきました。一方、鉄より少しあとにもたらされた青銅はやや柔弱な材質だったため、主に祭器に使われました。

ムラ同士が争い、強いムラは弱いムラを併合し、クニとなり、クニのリーダーは「王」として君臨していくようになります。それぞれのクニにはアニミズム（精霊が自然物に宿るという思想）的な個々の信仰があったと考えられますが、勝ったクニが負けたクニの神をも吸収するとされていました。さまざまな信仰を取り入れることで、王はその支配統治を強めていったのです。当時、日本の中にはこうした王が100人近くいて、彼らはみな、自分こそが真の王だという正当性の裏づけを求めていました。

この頃の様子が、中国の『漢書《かんじょ》』地理志《ちりし》に残されています。これが、現在わかっている、日本に関する最古の記録です。そこには、紀元前100年頃の日本が「倭《わ》」と呼ばれ、100余国に分裂し、前漢が朝鮮半島北西部においた「楽浪郡《らくろう》」（現在の平壌付近を中心とする地域）に「遣使」したことが書かれています。遣使とは、朝貢のことです。

中国では代々、皇帝が、朝貢してきた周辺諸国の君主に「王」「侯」などの称号を与え、彼らにその地域の統治を認めるという外交政策を取ってきました。「冊封体制《さくほう》」と呼ばれています。これは、中国が高度な文明をもつ世界の中心（中華）であり、まわりの辺境の異民族は蛮族（夷）であると考える「華夷《かい》秩序」に基づいたものです。

当時の日本（倭）の王たちは、先進的な文物や中国皇帝による権威づけを求め、楽浪郡や中国に遣使していました。実際、この頃の中国との文明格差は驚くほど開いていました。日本が縄文時代の終わり〜弥生時代の頃、中国はすでに春秋戦国時代。孔子・孟子の時代です。そして、『漢書』に登場する弥生後期が漢（前漢）の時代。「項羽と劉邦」の時代です。**文明格差には、おそらく千年単位の開きがあったことでしょう。**

さて、その後の様子を知るにも、中国の歴史書に頼るしかありません。次に倭に関する記述が登場するのは、『三国志』の「魏書」30巻、東夷伝にある倭人の条（通称「魏志倭人伝」）です。倭国では内乱が続いていたけれど、180〜190年頃に「邪馬台国《やまたいこく》」を中心とした30ほどの小国連合が成立し、「卑弥呼」が王とされた、と書かれています。また、239年に卑弥呼が魏に遣使し、「親魏倭王」の称号と金印、銅鏡100枚を授けられたことや、卑弥呼の死後、男の王が擁立されるも内乱状態となり、卑弥呼と同族の女性「壹与《いよ》」が王となってようやく混乱が収束したことなどについても、記述が見られます。

この邪馬台国の場所については、江戸時代以降論じられ、激しい論争が続けられてきましたが、いまだに決着がついていません。畿内説と九州説で割れ、いずれも決定打を欠くためです。邪馬台国の場所は、魏志倭人伝の記述（「不弥国《ふみ》」から南へ水行30日、陸行1カ月）

に従うと、実は日本列島を飛び越えて南洋上に出てしまいます。

そこで、不弥国の「南」ではなく「東」の誤りと解釈したのが畿内説、「不弥国」ではなく「伊都国《いと》」の誤りと解釈したのが九州説ということになります。不弥国は、一説には現在の福岡県糟屋《かすや》郡宇美町または飯塚市のあたり、伊都国は現在の福岡県糸島市付近ではないかといわれています。しかし、決定的証拠が出ないかぎり、はっきりわかりません。

畿内説に従えば、それはのちの「ヤマト政権」につながり、3世紀の時点で邪馬台国(=ヤマト政権)が九州から中部地方あたりまでを版図とする一大政権だった可能性が出てきます。一方、九州説を採ると、邪馬台国は九州の一部を管轄していたに過ぎず、ヤマト政権も3世紀の時点ではまだ政治的統一を果たしていなかったということになります。

いずれにしても、当時の日本の権力が西(九州)から東(畿内)に移動したことは、ほぼ確実でしょう。その途中の経緯は不明ですが、その数あるクニの中の一つに、中国と関係をもつだけの力を備えたクニがあり、そこに卑弥呼がいたということです。

古墳時代　〝クニ〟から〝国〟へ

古墳はなぜ巨大なのか

3世紀後半になると、西日本各地に「前方後円墳」を中心とした巨大な古墳が現れるようになります。なかでも、大規模なものが大和《やまと》（奈良県）に集中していることから、この時期、近畿地方を中心とする広域の政治勢力が生まれたと考えられています。この政権がヤマト政権であり、盟主である「大王《おおきみ》」を中心に各地の諸豪族が集まった連合政権でした。

ヤマト政権は、かつては「大和政権」と書かれることもありました。ところが、これだと畿内の一行政区分としての「大和」を想起させ、非常に小さな政権という印象を与えかねないため、教科書でもカナ表記に変わりました。また、「大和朝廷」と書かれることもありましたが、「朝廷」はまだ成立していなかったと考えられるため、「政権」の語が使われるようになりました。**朝廷とは、君主制のもと、官僚たちと「朝」に会議を行い、ともに政治執務を遂行する政権をいい、そのための場所や建物（廟堂）がなければ該当しませ**

ん。日本で朝廷が誕生するのは、飛鳥時代以降ということになります。

先にも述べたように、ヤマト政権の成立過程は、所在地が不明な邪馬台国と関連する可能性もあり、はっきりしていません。邪馬台国とイコールだった、邪馬台国が九州から東へ移動した、近畿地方の勢力が邪馬台国を滅ぼした、など複数の可能性が考えられます。

さて、ヤマト政権の存在を現在に伝えてくれる古墳ですが、実は王墓という以外に、もう一つ別の側面をもっていました。**残土処理のための公共事業です。**当時はまだ多くの土地がでこぼこで均《なら》されていませんでした。しかし、生きていくためには、土地を平らにして水田をつくらねばなりません。

そこで農地を開拓していくと、大量の残土が出る。残土は一箇所にまとめてみたけれど、見た目がイマイチ。そこで、「王（自分たち）のお墓にしよう！」と考えたわけです。

古代の王たちは、あんな巨大な古墳を権力誇示のためだけにつくっていたわけではありません。もしそうなら、すさまじい奴隷国家。そんな政権、もつはずがありませんからね。

また、「前方後円墳」といいますが、実際には、円部分が王の埋葬されている場所、四角い部分が祭壇で人々が祈りを捧げる場所ですから、本来は「前円後方墳」が正しいといえます。江戸時代に間違えて名づけられ、それが今も残ってしまっているのです。

ちなみに、昔「仁徳天皇陵」といわれていた古墳は、その後の調査で、そこが本当に仁徳天皇のものかあいまいとなってしまったため、現在では「大仙陵古墳《だいせんりょう》」と呼ばれています。

古代日本は軍事大国だったか

4世紀になると、中国は南北分裂時代（五胡十六国時代、南北朝時代）に入り、国内情勢が混乱。国外との交易どころではない状況となったため、150年ほどの間、中国の歴史書に倭の記述は見られなくなります。また、中国の周辺地域への影響力が弱まったため、この頃、東アジアの諸地域は次々に国家形成へと進んでいきました。

中国という大国の国内情勢は、日本を含む周辺諸地域の状況に、常に有形無形の影響を与えました。弥生時代中期に日本に鉄がもたらされたのも、当時の中国東北部が戦乱状態にあり、朝鮮半島の高度な技術をもった人々が、戦乱を避けて集団で渡来したからです。

さて、この頃の朝鮮半島の状況はというと、中国東北部から興った「高句麗《こうくり》」が半島北部に領土を広げ、313年には楽浪郡を滅ぼしました。また、南部にはそれまで馬韓《ばかん》、弁《べん》韓《かん》、辰韓《しんかん》という小国の連合が形成されていましたが、馬韓から「百済《くだら》」、弁韓から「加耶《かや》」、辰韓から「新羅《しらぎ》」が生まれます。

朝鮮半島で高句麗、百済、新羅の三国が鼎立《ていりつ》する状態は7世紀頃まで続き、三国時代と呼ばれています（加耶は当時小国連合の状態にあり、のちに百済、新羅の支配下に入りました）。ただ、この百済や新羅というのは国名のように扱われていますが、国名ではありません。この頃はちょうど戦乱期にあって弱まってはいたものの、中国の影響力が常に及ぶ地域ですから、一国家として国名を冠するのは難しかったのです。

高句麗の「好太王《こうたいおう》（広開土王《こうかいどおう》）碑」の碑文には、「4世紀の終わり（391年）に倭と高句麗が交戦した」との記録があります。この頃、高句麗は版図を広げるべく南下政策を取りますが、ヤマト政権は半島南部の鉄資源がほしかったため、日本と高句麗が、新羅・百済をはさんで軍事衝突を繰り広げることになったのです。

一方、ここには、日本が百済の代わりに高句麗討伐をしていたという側面もありました。この頃から百済は長きにわたり、仏教や論語、文字、土木技術など、さまざまな高度な文化を日本に伝えてくれる存在となります。これは、軍事力が弱かった百済が、日本に軍事力の提供を期待し、その見返りとして与えていたものなんですね。実際、**当時の日本には軍事力くらいしか誇れるものがありませんでした。**5世紀になると、中国の歴史書『宋《そう》書《じょ》』に倭の記述が復活しますが、そこでの記述からもその事実が見て取れます。

なぜ歴史書が二冊も必要だったのか

『宋書』には讃《さん》、珍《ちん》、済《せい》、興《こう》、武《ぶ》という倭の5人の王（「倭の五王」）が登場します。このうち、済、興、武については、允恭《いんぎょう》天皇（第19代、以下数字のみ）、安康《あんこう》天皇（20）、雄略天皇（21）であると考えられています。学問上は、性格の異なる複数の史料で裏づけられないとその存在を実証できませんが、この三人については、『古事記』『日本書紀』（記紀）にも『宋書』と合致する記述が見られるからです。

記紀は、日本で最初の歴史書です。この頃からやっと中国の歴史書だけでなく、国内の史料からも過去の様子を読み解けるようになるのですが、記紀の成立は、実にこの時代より三百年以上も先のこと。こうした事情もあり、允恭天皇よりも前の時代については、なかなか実態がつかめません。

記紀はほぼ同時期に成立しており、内容の多くが共通していますが、方向性はかなり異なります。**『日本書紀』は天皇が命じて作成させた公的な「勅撰《ちょくせん》」**で、近隣諸国から認められる国になることを目指して書かれたため、**国外向け歴史書**という性格が強いといえます。これに対し、**『古事記』は、天皇家の歴史を残すために書かれた、国内向け歴史書**という位置づけになります。そのため、『日本書紀』は漢文・編年体（できごとを時系列に沿って書いたもの）で書かれ、『古事記』は和化漢文（日本語の音を漢字で表記したもの）・物語調で書かれているのです。

記紀では、天照大神《あまてらすおおみかみ》の孫である瓊瓊杵尊《ににぎのみこと》の曾孫・神日本磐余彦尊《かんやまといわれひこのみこと》が、初代天皇の神武天皇とされていますが、先にも述べたとおり、允恭天皇より前の時代についてはほぼ史料がないため、その多くは伝説や伝承に依拠しているのが実情です。

しかし、この伝説、伝承部分、いわゆる神話の部分には、日本の成立をよく反映していると感じさせる箇所も見られます。天照大神の命を受け、瓊瓊杵尊は高天原《たかまのはら》から日向国の高千穂峰に天降《あまくだ》ります。いわゆる「天孫降臨」です。また、大物主神《おおものぬしのかみ》のように海の向こうからやってくる神も登場します。大物主神は出雲系の神で、皇孫を守ったなどの説話が残っています。

縄文時代のところで、日本人のルーツには、東南アジアなど南からの系統と、シベリアなど北からの系統があるとお話ししました。**実は、海の彼方から神がくるという神話は南方の国がもっているもの、天孫降臨系の神話は北方の国がもっているものなんです。**異なるルーツが日本で混じり合った経緯が、こうした記述に現れたと考えることもできるわけですね。

氏姓は天皇から与えられたものか

5世紀後半になると、ヤマト政権は関東から北九州まで、非常に広範な地域を支配下に置くようになります。これに伴い、「氏姓制度」と呼ばれる支配体制も整えられていきました。「氏姓」といっても、いわゆる名字とは異なります。

ヤマト政権は、もともと諸豪族の連合体です。諸豪族は、それぞれに「氏《うじ》」をもっていました。つまり、氏とは血族グループの名称です。「葛城《かずらき》氏」や「蘇我氏」のように地名由来のものと、「物部《もののべ》氏」「大伴氏」「中臣《なかとみ》氏」などのように、職掌《しょくしょう》由来のものとがありました。

ヤマト政権は、こうした豪族たちに、政権内での地位を表す「姓《かばね》」を与えます。姓は「臣《おみ》・連《むらじ》・君《きみ》・直《あたい》・造《みやつこ》・首《おびと》・史《ふひと》」など、30種近くありました。このなかで最も地位の高い「臣」は、蘇我氏、葛城氏、巨勢《こせ》氏、春日氏などに与えられました。これらはみな、ヤマト政権の中心地である奈良盆地の地名に由来する氏です。つまり、もともと大王《おおきみ》家と並ぶような立場にあった豪族たちだったため、政権における最高位を与えたわけです。

豪族のなかには、一族の有する伝統から得意分野をもつものも多く、大王家は少なからず彼らの職能に支えられていました。たとえば、物部氏なら軍事（物部は「もののふ」からとの説も）、中臣氏なら神事（中臣は「中つ臣」からとの説も）です。そこで、これらの豪族には「連」を与えて重んじました。臣、連の長はそれぞれ「大臣《おおおみ》」「大連《おおむらじ》」と呼ばれました。

ほかに、地方の有力な氏には「君」「直」など、渡来人の子孫にあたる氏には「首」「史」「村主《すぐり》」などの姓が与えられました。「国造《くにのみやつこ》」「県主《あがたぬし》」など、地方官に就いた者に与えられる姓もありました。この制度により、**氏姓がないのは天皇、皇子、諸王と奴婢（賤民）のみ**となりました。また、氏姓制度は、血族をベースにしていることから、基本的に世襲制でした。

ヤマト政権は人だけでなく、米が取れ、富の基盤ともなる土地も支配していきます。大王家は「屯倉《みやけ》」という直轄地をもち、その耕作民は「田部《たべ》」と呼ばれました。豪族たちもそれぞれに「田荘《たどころ》」という私有地をもち、それを耕作させる「部曲《かきべ》」という私有民や、「ヤツコ」という奴婢をもっていましたが、大王家はこの豪族の私有民の一部をも「名代《なしろ》」「子代《こしろ》」という直轄民として組織し、支配の基盤を広げていきました。

また、この頃より地方豪族の反乱も各地で起こり始めますが、ヤマト政権は、そうした反乱平定後の接収地も新たに屯倉としていきました。

ヤマト政権の直面した危機とは何か

こうしてヤマト政権は着々と支配領域を広げていきますが、6世紀頃に深刻な危機に直面します。それは、**朝鮮半島からの撤退**と、その過程で起きた**豪族間の対立・抗争**です。

地方豪族の起こした反乱の一つに、「磐井《いわい》の乱」がありました。527年、かねてヤマト政権に不満をもっていた筑紫国造《つくしのくにのみやつこ》磐井《いわい》は、新羅と結び、加耶に赴くヤマト政権軍に対して反乱を起こします。このとき、大連である大伴金村《おおとものかなむら》がこれを平定しようと試みますが、結果的にこれを収めたのは物部麁鹿火《あらかび》でした。ここで、大伴氏のヤマト政権からの信頼性は、やや落ちてしまいました。

さらにその後、金村が百済から賄賂を受けて加耶西部を割譲したという疑惑が浮上します。これを物部尾輿《おこし》に追及されたことから、540年、大伴金村は失脚に至りました。

こうした経緯を経て、ヤマト政権の朝鮮半島南部への影響力は薄れていき、やがて562年に新羅が加耶諸国を併合すると、完全撤退を余儀なくされることとなります。

この過程で、豪族間の対立・抗争も激化していきました。大伴氏を失脚させた物部氏は、今度は、この頃急速に勢力を増しつつあった蘇我氏と対立していきます。蘇我氏は渡来人とのつながりが強く、先進的な考えをもっていました。

日本にはすでに、渡来人によって仏教が伝えられていました。公的には538年、百済の聖明王《せいめい》からもたらされます。これを受け、蘇我稲目《いなめ》は、仏教受容を進めようとしましたが、古くから軍事を司り、神事ともつながりの深かった物部尾輿は大反対します（崇仏《すうぶつ》論争）。もともとベースにあった政権内での覇権争いと相俟《あいま》って、この論争の決着はつかず、それぞれの子の代にまでもちこされることになりました。

飛鳥時代　〝国〟の姿を模索する飛鳥朝廷

馬子はなぜ天皇を殺したか

物部氏と蘇我氏の抗争は長きにわたって展開されましたが、587年、稲目の子・蘇我馬子（大臣）が、尾輿の子・物部守屋（大連）を滅ぼしたことで、決着がつきました。姓の格からいっても蘇我氏のほうが上ですね。しかし、馬子の暴走は止まりませんでした。

同年、馬子の推薦で崇峻《すしゅん》天皇が即位しますが、即位後もずっと政治の実権は馬子が握っていたため、天皇は次第に不満を抱くようになっていきます。**自分は天皇に疎《うと》んじられていると感じた馬子は、天皇を警戒するあまり、部下に命じて暗殺する**という暴挙に出たのです。**臣下による天皇の暗殺は、記録に残っているものとしては、これが唯一の事例**です。

その後、馬子の擁立で推古天皇が即位し、日本史上初の女帝が誕生します（ただし、卑弥呼の可能性も示唆された神功皇后と、一時的に政務にあたった飯豊《いいとよ》天皇を除いた場合）。

この推古天皇を馬子とともに支えたのが、「厩戸王《うまやとのおう》」でした。彼の別名である「聖徳太子」という名は後世の人が勝手につけたもの。近年では、厩戸王の名がメインに使われるようになっています。ちなみに厩戸王から見て、馬子は大おじ、崇峻天皇はおじ、推古天皇はおばにあたります。古代の重要人物は親戚だらけなんです。

厩戸王は非常に聡明で、20歳で推古天皇から「摂政《せっしょう》」（天皇が幼少、女性などの際、代わって政務を行う役職）に任じられます。この時代は、奈良の「飛鳥」に都が置かれていたことから「飛鳥時代」と呼ばれています。幼い頃から高句麗や百済の知識人に帝王学を学んできた厩戸王は、天皇を中心とした中央集権国家を理想とし、その成立を目指しました。

まず、603年に「冠位十二階」という日本初の冠位制度、翌604年には「憲法十七条」という日本初の成文法を制定します。冠位十二階は、個人の才能に応じた位階を一代限りで授けるもので、世襲制の氏姓制度による弊害を取り除こうとするものでした。蘇我氏を牽制する意図もあり、それにより天皇の権威を高めようと考えたわけです。「憲法十七条」は、和を重んじ、仏教を敬うなど、法規というより道徳的規範を示したもので、今日の道徳観にも通じるものがあります。これも、天皇中心の秩序確立を目指したものでした。

ちなみに、先にも述べたように、**この時代から中央政権は「朝廷」と呼ばれるようになります。**この頃に権力基盤が確立し、機構が整ったと考えられているからです。

崇仏論争に決着がついたことで、これ以降日本では仏教が急速に広がっていくこととなります。豪族の間では、寺の建立が古墳に代わる権威づけの手段として捉えられ、蘇我氏の飛鳥寺をはじめ、次々に氏寺が建てられました。厩戸王発願の法隆寺も、この頃に建立されます。

中国への遣使は、倭の五王のとき以来打ち切られていましたが、厩戸王はこれも再開しました。この頃には中国が隋《ずい》王朝になっていますから、「遣隋使」ですね。朝貢というスタイルが基本だった中国への遣使ですが、厩戸王の行った遣隋使は対等外交を求めるものでした。

なぜ厩戸王が対等外交を求めたかというと、仏教はインドで生まれたものです。ブッダが生まれたのもインドであり、インドを中心に展開されています。こうした仏教の宇宙観や世界観に触れたことで、世界が相対化され、世界の中心だと思っていた中国も、実は中心というわけではないと気づいたわけですね。

これにより、厩戸王は607年、対等外交を主張する国書とともに小野妹子を派遣したのでした。これが、有名な「日出ずる処の天子、書を日没する処の天子に致す。恙《つつが》無《な》しや」という書き出しで始まる国書です。

仏教による概念の相対化があったとはいえ、厩戸王が対等外交に踏み切ったのは、中国の冊封《さくほう》を受けないことで、冊封体制下にある朝鮮諸国に対して優位に立てると考えていたからです。

もちろん中国がそんなことを許すはずもなく、ときの皇帝・煬帝《ようだい》は激怒します。ところが、翌608年には隋使の裴世清《はいせいせい》が来日しています。当時隋と敵対関係にあった高句麗の動きを警戒し、倭との連携を視野に入れてのことだったと考えられています。

遣隋使はこの後、中国が唐王朝に替わって以降は「遣唐使」となり、894年までの264年間に19回（諸説あり）行われます。実は当時の外交は、命がけの渡航に支えられていました。まだ粗末な船しかなく、航海技術も未熟だったからです。**遣唐使船は通常4隻編成でしたが、理由はなんと、1隻でも目的地に着けばよいという考えからでした。**

唐側からこちらへの渡航も困難を極め、753年、遣唐使の帰路に便乗してようやく日本にたどり着いた中国の僧・鑑真《がんじん》も、それまでに5度も渡航に失敗していました。

ここまで過酷で危険な遣使をそれでも続けた理由は、先進的な文化を取り入れることはもとより、国内統治を進めるうえで中国の権威が必要不可欠だったからです。多大な犠牲を払いながら、日本は中国からさまざまな文化や仏教などを吸収していきました。

大化改新《たいかのかいしん》はなぜ起きたか

622年、厩戸王が死去すると、蘇我氏の勢力はさらに増していきました。626年に蘇我馬子が死去し、その2年後、推古天皇が次期天皇を指名せずに崩御すると、皇位継承をめぐって朝廷内に対立が起こります。馬子の子・蝦夷《えみし》は、聖徳太子の子・山背大兄王《やましろのおおえのおう》擁立派を押さえ、田村皇子（のちの舒明《じょめい》天皇）を擁立し、実権を握りました。ところが、舒明天皇崩御後、皇后の皇極《こうぎょく》天皇が即位すると、世間の人望は再び山背大兄王に集まります。これを危険視した蝦夷は、643年、子の入鹿《いるか》に命じて、山背大兄王を自殺に追い込んだのです。

蘇我氏の専横が続くなか、中国から帰国した留学生や学問僧からは、さまざまな最新情報がもたらされました。中国では、618年に隋が滅び、**唐《とう》王朝が成立していましたが、それは、律令制に基づいた強力な中央集権国家だった**のです。

こうした情報に接したことで、朝廷の一部に、豪族の世襲制や私地私民制を廃し、**唐の**

ように律令によって、天皇を中心とした官僚制の中央集権国家を形成できないだろうかという考えが生まれ始めます。645年、中臣鎌足は、中大兄皇子《なかのおおえのみこ》（舒明天皇と皇極女帝の子）を味方につけ、入鹿を謀殺し、蝦夷を自害に追い込むクーデタ（「乙巳《いっし》の変」）を敢行。これにより、蘇我氏宗家は滅亡することとなりました。こうしてみると、蘇我氏は非常に悪い氏族のように見えますが、一概にそうともいえません。先に触れた、崇峻天皇の暗殺についても、馬子によるものと考えるには不審な点が多く、「正史」を綴るために逆臣とされた蘇我氏が濡れ衣を着せられたという可能性もあります。

以降、鎌足と中大兄皇子は、旧体制を覆す政治改革を敢行していきます。世にいう「大化改新」です。まず、中大兄皇子の叔父にあたる孝徳天皇が即位し、皇子自身は皇太子となりました。そして、これまで一部の豪族だけが牛耳っていた大臣、大連という役職を廃止し、左大臣、右大臣などを立てる、律令制に基づいた新体制を敷きました。左・右大臣には阿倍氏や、蘇我氏（分家）が就き、鎌足自身は天皇の補佐役である「内臣《うちつおみ》」という新設の役職に就きました。中臣氏は古来神事を司る伝統ある氏族でしたが、政治的実績では大伴氏や蘇我氏、阿倍氏などに比して劣っていたため、左・右大臣に就いたのではこれら氏族の反感を買うと考えたためです。

また、年号を「大化」と定め、都をそれまでの飛鳥から難波に移動。奈良盆地に位置した飛鳥には１００年もの間、都が置かれていましたから、この遷都には地縁の強い豪族たちの力を削《そ》ぐ意図もありました。そして、６４６年の正月には「改新の詔《みことのり》」を発表し、「公地公民制」や「班田収授法《はんでんしゅうじゅほう》」など、新たな統治の基本方針を打ち出しました。

公地公民制とは、それまでの皇族、豪族の私有地、私有民を廃止し、土地と人民はすべて国家の所有だとする制度です。また、班田収授法は、国民一人ひとりに一定面積の田（口分田《くぶんでん》）を貸して耕作させ、死後収公《しゅうこう》（国に返却）するというもので、収穫した米の一部を徴収するという租税のしくみもここでつくられました。しかし、実際にどの程度が実行に移されたのかは、やや疑問が残るところです。

古代日本を中央集権国家に成長させたものは何か

この頃、朝鮮半島では依然、高句麗、百済、新羅の三国鼎立が続いていましたが、６６０年、百済と争っていた新羅が、高句麗と戦っていた唐と結び、百済を滅ぼします。ところが、百済は再興を目指し、日本に援軍を求めました。長い間、百済と親交のあった日本はこれに呼応して水軍を派遣し、白村江《はくそんこう》（錦江《きんこう》河口）で戦います。この戦いは「白村江の戦い」と呼ばれています。

663年に行われたこの戦争は、歴史上、日本にとって初めての対中国戦でした。唐との文明格差は、このときでもまだ相当開いていましたから、ハナからまったく歯が立たない戦いでした。日本軍は、数は多いものの実態は豪族の寄せ集め、**水軍といってもただの小舟の集合体。**作戦も「我等先を争はば、敵自づから退くべし」という杜撰《ずさん》さで、ないに等しいものでした。対する唐・新羅軍は、最新技術を駆使した大型船で、瞬く間に日本軍を撃破。**日本の船は800隻のうち半数以上が焼失します。**その様子は中国の歴史書に、「倭の船400艘は燃え上がり、煙は天を覆い、海水は赤く血で染まった」と記されたほど、凄惨なものでした。

こんな無謀な戦いに日本が挑んだのには、長年お世話になった百済を助けたいという以上に、もっと切実な理由がありました。百済が滅ぼされたら、高度な文明をもつ新羅が攻めてくるかもしれない。何より、唐がやって来るおそれもある。つまり、日本にとって百済は大切な防波堤でした。だから何としても再興したかったのです。そうでもない限り、唐と新羅の連合軍に刃向かうなどという一種の自殺行為には及ばなかったことでしょう。

このときの敗戦のインパクトは、その後の歴史含め日本史上最大のものであり、太平洋戦争敗戦時を遙かに凌駕《りょうが》するレベルでした。唐はこのとき、日本を完全に滅ぼすことも考えていましたが、高句麗や、裏切って唐に刃向かってきた新羅を攻めるのに忙しく、日本は攻め込まれずに済みました。しかしながら**この歴史的大敗は、日本にただならぬ緊張感を与え、中央集権国家へと急成長させる大きな契機となったのです。**

中大兄皇子はまず、対外防備と支配体制の強化を急ピッチで進めていきます。九州には防人《さきもり》という国境警備隊を置き、のろしを上げて危急を知らせる烽《とぶひ》という設備を設置。加えて、大宰府《だざいふ》に堀を備えた水城《みずき》や、亡命百済人の指導による古代朝鮮式山城、西日本各地にも同様の山城を築造します。その後、667年には都を、琵琶湖に近くて水上交通の便がいい近江大津宮に移転。自身も、668年に天智《てんじ》天皇として即位しました。

続いて、670年には初の全国的戸籍である「庚午年籍《こうごねんじゃく》」を作成し、全国の諸豪族の私有民である部曲などを登録します。軍事動員や徴税をしやすくするためです。この頃の豪族というのは、弥生時代の後半から見積もれば、700~800年くらいその土地で勢力を保っていたわけで、相当なプライドをもっています。庚午年籍は、そんな豪族たちの持ち物を全部こちらによこせということですから、大変な話でした。しかし、どんなに反発されようとも、国の存亡がかかっていますから、強行するしかありません。

また、日本古代最初の法典とされる「近江令」も、このときに制定された可能性があります。これは中臣鎌足が編纂しており、こうした鎌足の功績から、天智天皇は鎌足に「大《たい》織冠《しょくかん》」という当時の冠位の最高位を与えるとともに、「藤原」の姓《せい》を授けました。これにより、鎌足は「藤原鎌足」となるのであり、のちに権勢を恣《ほしいまま》にする藤原氏の基礎がここにつくられたわけです。

なぜ遷都が頻繁に行われたのか

天智天皇の死後、672年に、天皇の実弟・大海人《おおあま》皇子と、天皇の子・大友皇子との間で、皇位継承問題が起こります。晩年、天智天皇は子の大友に継がせたいと考えていましたが、最終的に戦いに勝ったのは大海人でした。この戦いは「壬申《じんしん》の乱」と呼ばれます。

ちなみに、天智天皇と大海人皇子は、万葉歌人の額田王《ぬかたのおおきみ》を取り合った仲でもあり（額田王はもともと大海人の妃でしたが、のちに天智天皇の後宮に入ったとされています）、壬申の乱にはこうした背景も影響しているのではないかと考えられています。額田王には「茜《あかね》さす紫野行き標野《しめの》行き　野守《のもり》は見ずや君が袖振る」という有名な歌があり、これが一説には、この三角関係を詠んだものではないかともいわれていました。

673年、大海人皇子は飛鳥浄御原宮《あすかのきよみはらのみや》にて、天武天皇として即位します。この時代、非常に頻繁に遷都が行われています。**遷都といっても、当時はまだ「都市」があるわけではなく、天皇の住まいである「宮」のあるところが「都」なので、比較的簡単に移ることができた**ということもありますが、そこにはやはり、豪族の力を牽制するという意図もありました。しかし、対外的な国家の権威においても、きちんとした都市が必要だと考えた天武天皇は、政権中枢を皇族が占める皇親政治の基礎を築きながら、都市計画も進めていきました。

皇親政治のための基盤づくりとして着手したものの一つが、これまでにも登場した記紀の編纂だったのです。**記紀には、国家の権威づけを図るとともに、天皇の神格化を進めるという大きな役割がありました。**編纂は681年に開始し、完成は30〜40年後という一大プロジェクトでした。

また、都市計画においては「藤原京」の造営に着手します。直線道路が碁盤目状に東西・南北に走る「条坊制」が敷かれ、中央には、天皇が居住する内裏《だいり》と、政務・儀礼に必要な諸設備を備えた大内裏《だいだいり》が築かれました。ところがこの都、落成後15年ほどで、すぐに作り直しになってしまいます。ここには遣唐使の問題が絡んでいます。

日本は669年を最後に、30年ほど遣唐使を派遣していませんでした。これは、白村江の戦いに惨敗したあと、唐に顔向けできなくなったためです。藤原京は、遣唐使の派遣がなく、唐の最新情報が得られなかった時期に、中国の古典だけを参考にしてつくってしまったため、唐の最新の都城《とじょう》とは大幅に異なるものに仕上がってしまったのです。

702年に**遣唐使が再開され、最新の都城との違いが明らかになると、大急ぎでまた新たなものに作り替えることとなりました。これが平城京です。**

天武天皇は686年に崩御します。藤原京の完成を目にすることなく亡くなりますが、その遺志は皇后であり、次期天皇となった持統天皇に受け継がれ、この天武・持統朝で、天皇を中心とする中央集権国家はようやく完成の域に達しました。

また、両天皇は仏教興隆に努めたため、この時代、仏教文化も栄えることとなりました(白鳳《はくほう》文化といいます)。仏教は、その教えにより国を守るという「鎮護国家」思想を内包していたため、政治運営に利用することができたのです。この頃公認されていた法相《ほっそう》宗、華《け》厳《ごん》宗、律《りつ》宗など、6つの仏教の宗派を「南都六宗《なんとろくしゅう》」といいます。南都とは、のちの平安京(京都)から見て奈良が南にあるため、後世こう呼ばれたものです。こうして仏教が浸透していくなか、8世紀頃から、仏と神は本来同一であると考える「神仏習合《しんぶつしゅうごう》」思想も生まれていきました。

「日本」という国号も、この天武・持統朝の頃に誕生したと考えられています。日本は、中国に倣《なら》い、自らもそのミニチュア版のような国になることを目指していました。こうした国家意識は、日本よりも遥かに強く冊封体制下にあった朝鮮などにも見られ、研究者の間では「小中華思想」と呼ばれています。

日本の伝統的政治スタイルはどのように生まれたか

701年、文武天皇（天武天皇の孫）の代に、天武天皇の子・刑部《おさかべ》親王と、藤原鎌足の子・不比等《ふひと》らが、「大宝律令」を完成させます。大宝律令は、「律」「令」「格」「式」の四つから成っています。「律」は犯罪、刑罰を記した刑法、「令」は行政機構、管理の服務規程、租税などを定めた行政法、「格」は律令の補足や修正のために制定されたもの、「式」は律令の施行細則でした。

行政機構について見てみましょう。中央官庁には「二官八省一台五衛府《にかんはっしょういちだいごえふ》」と総称される組織がおかれます。トップは「神祇官《じんぎかん》」と「太政官《だいじょうかん》」の「二官」です。神祇官は神祇、祭祀を担当。太政官は天皇のもとで、現在の立法・司法・行政にあたる分野を担当。祭

（まつりごと）と政（まつりごと）が同格、いわゆる「祭政一致」と呼ばれる状態です。太政官の下には、中務省《なかつかさ》、式部省など八つの「省」がおかれました。政務の審議は、太政官首脳の左・右大臣や大納言による「合議」で決められました。ほかに、役人を監察する「弾正台《だんじょうだい》」と、天皇、宮中、境域の警護にあたる五つの「衛府《えふ》」がおかれました。

ここで、身分制度についても見ておきましょう。厩戸王がつくった冠位十二階は、この頃には四十八階に細分化していましたが、これを新たに三十の位階に再編成します。政治に関わる官吏たちにはすべて何らかの位階が与えられました。五位以上を与えられた人々がいわゆる貴族です。さらに、三位以上は「公卿《くぎょう》」と呼ばれる超特権階級でした。

そして、律令制度下の官職は「官位相当制《かんいそうとうせい》」といって、特定の官職には特定の位階の人しか就くことができませんでした。たとえば、最重要職の左・右大臣、大納言には公卿しか就けなかったのです。

そのうえ「蔭位《おんい》の制」といって、五位以上の貴族の子と三位以上の貴族の孫には、父や祖父の位階に応じ、自動的に一定の位階が付与されました。これは中国の「任子《にんし》の制」に倣ったものですが、中国では子にまでしか特権は与えられていません。中国は、自らが革命政権というケースが多いため、新しい血に寛容なんですね。日本の場合、この制度のために、以降、**国の要職を同一氏族が独占する**という状態が起こることとなります。

また、地方組織としては「国」「郡」「里」をおき、地方官として「国司」や、そのもとで郡を治める「郡司」などをおきました。国内にはすでに、地方豪族が務めていた国造が治める国や、県主が治める県が存在していました。そこで、国司は中央貴族を派遣して任期制、郡司はかつての国造など地方豪族を任命し、終身官、世襲制としました。一挙に律令体制に変更することは難しく、旧来の在地の支配力と共存させざるをえなかったためです。そして、外交、国防上の要地である筑紫には、「大宰府」という地方特別官庁をおき、九州地方の軍事、行政を統括することとしました。

ここで、「合議」についても見ておきましょう。さきに触れたように、この当時の政務の審議スタイルは「合議」です。合議というと、参加者みんなの話し合いによってクリアに解決していこうとする、民主主義的なイメージを抱くかもしれませんが、むしろ逆です。民主主義は、それぞれの違いを明確にしていこうとするもの。対して**合議は、違うものもすべて丸め込み、最終的に一つの合意を作っていく**ことをいいます。つまり、多分に「夜の政治」である密議や根回しに負うところが多くなるのが合議なんですね。この合議、日本では近代に入るまで続く伝統になります。

次に、租税のしくみについて見ていきましょう。律令政府は、大化改新時に打ち出されながら実施にまでは至っていなかった公地公民制を、ここで実現にもっていきました。

まず、班田収授法をきちんと機能させます。律令制下において、賤民（奴婢）以外は「良民」と呼ばれました。6年ごとに6歳以上の良民男女に口分田《くぶんでん》を与え、死後は収公というサイクルを確立し、課税対象者の確保を目指しました。男性には2段（現在の2400㎡に相当）、女性には男性の三分の二を一律で割り当てました。これにより、農民たちは最低生活を保障された反面、厳しい「調《ちょう》」「庸《よう》」「雑徭《ぞうよう》」などの人頭税に苦しむこととなります。

調は、麻布や地域の特産品のことです。庸はもともと都での労役のことでしたが、のちに麻布に取って代わられました。雑徭は、国司のもとでの土木事業従事のこと。つまり、地方の財源とするものでした。

このほかに「租」という土地税があり、収穫の3％程度を稲で納めることになっていました。当時、租は神に供える初穂《はつほ》儀礼と混同され、**税の中で最もあてにされていませんでしたが、結果的に近代日本の税制には、この「租」だけが残ります。**だから今も「租税」という言葉が残っているんですね。

口分田配給のため、6年ごとに「戸籍」が作成され、課役賦課のための基本台帳である「計帳《けいちょう》」は毎年作られました。ここには良民の性別、年齢から身体的特徴がホクロに至るまで記載されました。

また、貸し付けられた稲の利息を払う「出挙《すいこ》」や、各地の軍団に兵士として配属されたり、防人に就いたりする「兵役」もありました。白村江の戦いを受けて、日本では大規模な国家間戦争に備える徴兵制軍隊が配備されていったのです。

飛鳥後期の外交路線はどんなものか

その一方で、日本は唐と国交を回復していきます。最初の遣唐使は630年に派遣されていますが、このときはまだ遣隋使同様、対等外交方針を維持していたと考えられます。その後、白村江の戦いを経て、669年に一度遣唐使を派遣しますが、先にも触れたように、以降30年ほど唐との国交は断絶していました。

702年、政府はやっと遣唐使を再開し、今度は一転して事実上朝貢しています。以後の遣唐使は、唐の文物を日本にもたらす文化使節的な性格を強めていきました。

この前後、新羅と、7世紀末に中国東北部に建国した「渤海《ぼっかい》」も唐に朝貢しています。

日本は、これらの2国とも互いに使節を送り合いました。ところが、日本は新羅を従属国と扱おうとしたため、関係は冷めていきました。736年の日本の遣新羅使は外交使節としての礼遇を受けられず、これを機に日本は新羅を討つことも検討していたのでした。また、渤海とは交易中心の関係へと変わっていきました。

唐とは晴れて国交が回復し、そのため、710年に唐の最新情報を反映した平城京をつくることが可能になったわけです。以後、一時的に別の宮に遷都することはあったものの、784年の長岡京遷都まで、平城京は天皇8代の首都として機能しました。こうして「奈良時代」が幕を開けることになるのです。

奈良時代　本格的律令国家の実現

藤原氏はいかにして権力を握ったか

平城京には多くの寺院が建立されたため、僧侶が絶大な力をもつようになりました。中央政権内には、藤原氏vs皇族出身者・僧侶という対立構造が生まれ、奈良時代は、両者がほぼ10年ごとに政権を担っていく時代となります。

律令制度の確立に尽力した藤原不比等は、当時天武朝の後宮で阿閇皇女《あへのひめみこ》（のちの元明天皇）に仕え、すでに美努王《みぬおう》に嫁いでいた県犬養三千代《あがたのいぬかいのみちよ》と結婚します。三千代は阿閇皇女の信頼が厚く、有力な人脈をもっていました。すでに父・鎌足も娘を天武天皇に嫁がせていましたが、不比等も三千代に目をつけ、利用しようとしたともいわれています。

697年、不比等は即位直後の文武天皇に、自身と賀茂比売《かものひめ》の娘・宮子を嫁がせました。また、一代限りとして父・鎌足に与えられていた藤原姓も、不比等の子孫に限り使用が許可されます。こうした栄達の陰には、三千代の存在があったのではないかとも考えられるのです。不比等はこののち、宮子の生んだ首皇子《おびとのみこ》（のちの聖武天皇）に、三千代との娘・光明子《こうみょうし》をも嫁がせます。こうして、天皇の外戚《がいせき》（母方の親戚）となっていったのです。

藤原氏はのちに藤原体制を築き、権力を一手に掌握するようになります。それが可能となったのは、こうして築いた**天皇家との外戚関係もさることながら、彼らが徹底的に文人としての教養や、官僚としての能力を鍛えていた**からでした。藤原氏は、律令国家のしくみづくりに携わっていたため、来たる時代に求められる官僚像が見えていたのです。

720年に不比等が没すると、天武天皇の孫・長屋王の政権が成立します。長屋王は非常に優秀な人でしたが、不比等の子らの藤原四兄弟によって自殺に追い込まれてしまいます。

この少し前、不比等の娘・光明子が聖武天皇との間に生んだ皇太子が夭逝したうえ、聖武天皇ともう一人の夫人との間に皇子・安積《あさか》親王が生まれていました。そのため、藤原四兄弟は、自分たちの権力を守るべく光明子を強引に立后させようともくろみ、それに反対した長屋王を討ったというわけです。

四兄弟はその後、光明子立后に成功。臣下の娘が皇后になった最初の例でした。この四兄弟は、武智麻呂《むちまろ》（藤原南家）、房前《ふささき》（藤原北家）、宇合《うまかい》（藤原式家）、麻呂（藤原京家）という

藤原氏系図

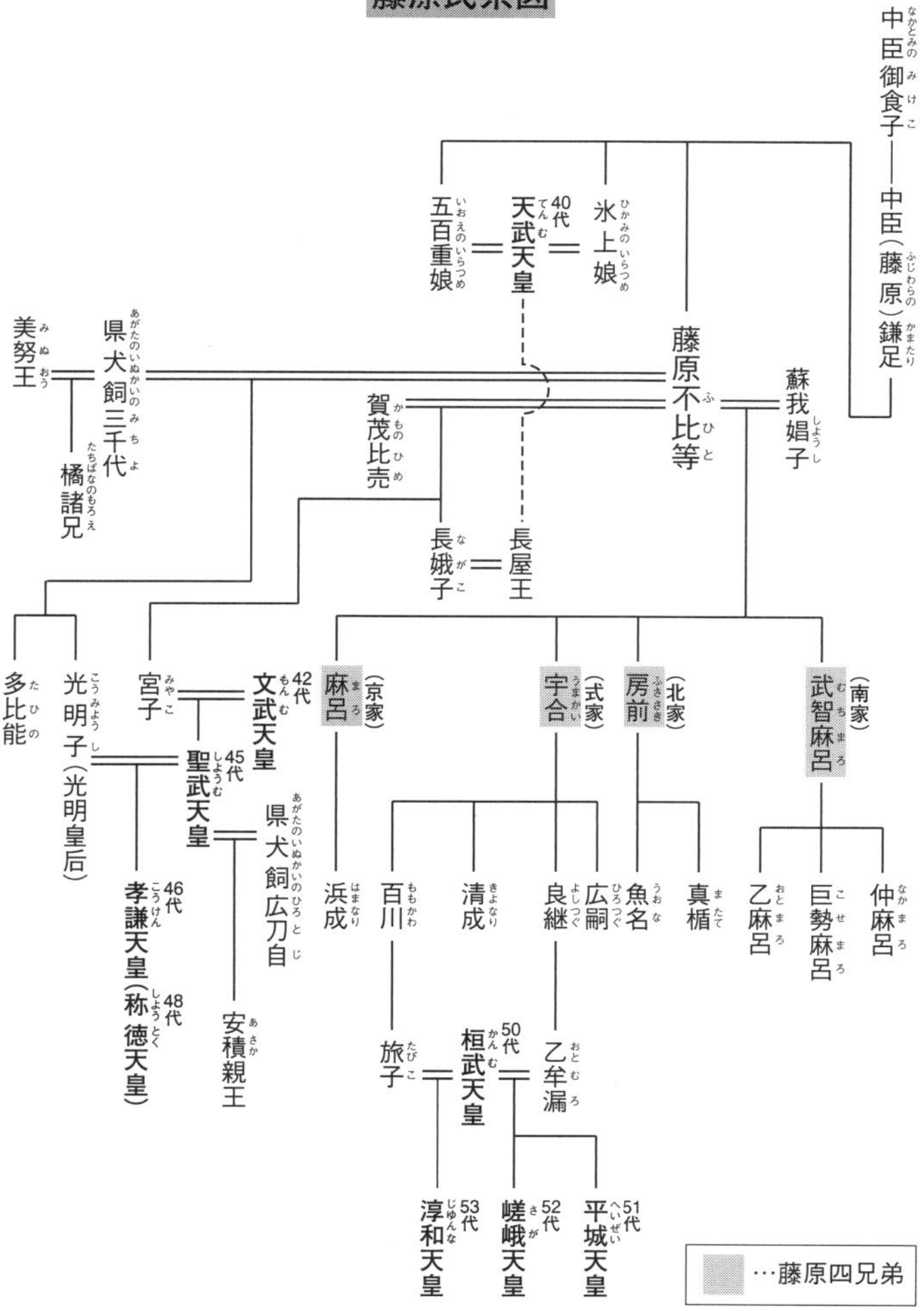
中臣御食子《なかとみのみけこ》
中臣（藤原《ふじわらの》）鎌足《かまたり》
五百重娘《いおえのいらつめ》
40代
天武天皇《てんむ》
氷上娘《ひかみのいらつめ》
藤原不比等《ふひと》
蘇我娼子《しょうし》
県犬飼三千代《あがたのいぬかいのみちよ》
美努王《みぬおう》
橘諸兄《たちばなのもろえ》
賀茂比売《かものひめ》
長娥子《ながこ》
長屋王
多比能《たひの》
光明子《こうみょうし》（光明皇后）
宮子《みやこ》
42代
文武天皇《もんむ》
45代
聖武天皇《しょうむ》
県犬飼広刀自《あがたのいぬかいのひろとじ》
46代
孝謙天皇《こうけん》（48代 称徳天皇《しょうとく》）
安積親王《あさか》
（京家）麻呂《まろ》
（式家）宇合《うまかい》
（北家）房前《ふささき》
（南家）武智麻呂《むちまろ》
浜成《はまなり》
百川《ももかわ》
清成《きよなり》
良継《よしつぐ》
広嗣《ひろつぐ》
魚名《うおな》
真楯《またて》
乙麻呂《おとまろ》
巨勢麻呂《こせまろ》
仲麻呂《なかまろ》
旅子《たびこ》
50代
桓武天皇《かんむ》
乙牟漏《おとむろ》
53代
淳和天皇《じゅんな》
52代
嵯峨天皇《さが》
51代
平城天皇《へいぜい》
…藤原四兄弟

のですが（それぞれ、カッコ内の家の開祖）、737年に全員、天然痘で亡くなります。

740年、今度は橘諸兄《たちばなのもろえ》（美努王と県犬養三千代の子）が政権を握り、遣唐使帰りの学者・吉備真備《きびのまきび》や、僧・玄昉《げんぼう》を重用しますが、その排除を求める藤原広嗣《ひろつぐ》（式家の宇合の子）の乱が発生。

この頃、藤原氏の権力闘争がたびたび起こり、国は安定しませんでした。朝廷は動揺し、当時の天皇であった聖武天皇は遷都を繰り返しつつ、741年に「国分寺建立《こんりゅう》の詔《みことのり》」を発令。743年には「大仏造立《ぞうりゅう》の詔」も出しました。いわゆる、奈良の大仏です。仏教の鎮護国家思想によって国を安定させようと考えたのです。

749年には、聖武天皇の娘・孝謙天皇が即位したため、その母の光明皇太后（光明子）の権威が再び増大。光明皇太后は甥にあたる藤原仲麻呂（南家の武智麻呂の子）を重用したため、今度は仲麻呂が台頭しました。

しかし、760年に光明皇太后が崩御すると、仲麻呂の権力は弱体化します。母を亡くしたショックから病に臥《ふ》せた孝謙天皇（のち再び即位して称徳天皇）は、看病をしてくれた僧・道鏡《どうきょう》に惹かれ、寵愛するようになります。道鏡は異例の出世を遂げ、なんと、称徳天皇が道鏡に譲位しようとする事件まで発生しました。

平安時代　律令制の消化と崩壊

平安時代はなぜ改革路線でスタートしたのか

770年、称徳天皇が崩御すると、乱れていた律令政治の再建を目指し、藤原百川《ももかわ》（式家の宇合の子）は光仁《こうにん》天皇を擁立して、道鏡を左遷しました。光仁天皇は天智天皇の孫ですから、壬申の乱以降、天武系となっていた皇統が、また天智系に戻ることとなりました。**光仁天皇は、軍団を縮小して緊縮財政を断行し、政治の腐敗改善に努めます。**この改革路線は、次の桓武天皇に引き継がれました。

784年、桓武天皇は、寺院など奈良の旧勢力を避けつつ、水陸交通の要地に天智系の新たな都をつくろうと、山背国長岡京《やましろのくにながおかきょう》に遷都します。しかし、その造営は、造営長官・藤原種継（式家の宇合の孫）が暗殺されるなどで頓挫。そこで今度は794年、平安京に遷都します。400年近く続く「平安時代」の幕開けです。

平安京は794年に一応の完成をみますが、その後も都のなかを整備していく造営事業

（造作《ぞうさく》）は続いており、これが民衆の負担となっていきます。また、奈良時代より政府は東北の人々を「蝦夷《えみし》」と呼んで鎮圧を試み、9世紀初頭に「征夷大将軍」の坂上田村麻呂が征討に成功しますが、こうした対蝦夷戦争（軍事）も民衆の重荷となっていました。そこで、桓武天皇は805年、造作と軍事の二大事業の中止を決めました。

中国の律令制をどのように日本に移植したか

桓武天皇の推し進めた改革路線は、その後、平城天皇、嵯峨天皇に引き継がれます。

嵯峨天皇は、地方行政を監査する勘解由使《かげゆし》、天皇の側近である蔵人頭《くろうどのとう》、京都の治安を所管した検非違使《けびいし》、摂政、関白などの「令外官《りょうげのかん》」を多数設けていきました。令外官とは、大宝律令の「令」に規定されていない新たな官職のことです。これより少し前に設置された征夷大将軍も、令外官です。

中国から輸入した律令制度は、巨大な唐の都を治めるためのものでしたから、そのまま使うには大きすぎたのです。そこで、こうした令外官をたくさんつくり、**律令制を日本の実情に合うようカスタマイズしていきました。**これが実にうまく機能したのです。

そういう意味では、唐の都に倣った平安京も、日本には大きすぎるものでした。当時の日本は貨幣経済も何もありませんから、まったく身の丈に合わない。つまり、都自体がある種のテーマパーク状態でした。テーマパーク内は、千年近くワープした近未来都市のようなもの。だから、とても気分がよかったことだろうと思います。

なぜ密教は台頭したのか

この時代の仏教の状況についても、少し前のところから追っておきましょう。平安遷都にあたり、桓武天皇は平城京（南都）の仏教が移転してくることを認めませんでした。奈良時代の政治の乱れに、僧侶も関わっているという感覚があったからです。

そこに、最澄と空海という2人の天才が現れます。最澄は天台宗、空海は真言宗という密教の開祖です。密教は、この頃唐からもたらされた新しい仏教でした。南都六宗が理論研究を重視したのに対し、密教は瞑想などによって仏と一体化しようとするものでした。また、鎮護国家思想を備えながら、**加持祈禱《かじきとう》によって「現世利益」を図るものでもあったため、貴族たちに大いに歓迎されました。**

日本には、仏教は朝鮮半島や中国から入ってきていますが、中国、朝鮮もインドから入ってきたものを勉強しているわけです。何かを勉強しようとしたら多くの場合、文献から入りますね。だから、**ひたすら文献を研究する――これが南都六宗です。**しばらくすると、仏教習得において少し先を行き、経典の意味を理解し始めた中国が、「ブッダは修行をしていたらしい」と理解する。そこで、**「何はともあれ、まずは修行だ！」となったのが密教というわけです。**

藤原一強時代の最盛期はいつか

平安時代以降、藤原氏の勢力はますます拡大していきました。とくに810年の藤原冬《ふゆ》嗣《つぐ》（北家の房前の曾孫）の蔵人頭就任以降、北家が着々と覇権を広げていきます。先にもお話ししたとおり、その戦術は、官僚としての能力を駆使して他氏を排斥しつつ、外戚政策で天皇と結びついていくものでした。さらに、外戚という立場を利用して、摂政や、関白（成人後の天皇を後見する職）に就くことで、藤原一強時代を築いていったのです。これが、いわゆる「摂関政治」です。

摂関政治は、藤原氏と外戚関係をもたなかった後三条天皇の即位（1068年）をもって終了しますが、藤原氏が摂政、関白に就任する伝統は、江戸時代末期にまで及びました。

途中、10世紀前半に一時期、摂政・関白がおかれなかった醍醐《だいご》・村上朝があり、天皇親政の理想的な時代（延喜《えんぎ》・天暦《てんりやく》の治）などと言われたりするのですが、実際には藤原北家の勢力がさらに増しつつあり、とても天皇親政とはいえない状況でした。

摂関政治が最盛期を迎えるのは、10世紀後半から11世紀半ば、道長・頼通父子の時代です。このときに道長は自分の娘を次々と天皇に嫁がせ、「一家に三后」という未曾有の快挙を成し遂げます。こうした状況のなかで道長が詠んだのが、かの有名な「この世をばわが世とぞ思ふ望月の　欠けたることもなしと思へば」（この世はまさに私の天下であると思う、満月のように私の権力に欠けたところはないのだから）という歌なんですね。

この頃の政治形態は、陣定《じんのさだめ》という公卿会議でした。しかし、これも内実は有力貴族による合議に負うところが多く、律令制下の太政官の審議と変わらないものでした。その意味では、律令制が完全に自分のものとなり、定着したということもできるでしょう。

文化、宗教の国風化はどのように進んだか

一方で、文化はこの少し前くらいからようやく、日本にフィットし、独自性を発揮するものが生まれ始めます。それが、衣冠束帯《いかんそくたい》や十二単《じゆうにひとえ》などの貴族の装束、和様（優美な曲線を特徴とする書風）、『源氏物語』や『枕草子』に代表されるかな文学などです（「国風文化」

といいます)。

この頃、**仏教においても国風化が見られます。それが「浄土教」です。**浄土教は、念仏を唱えて極楽浄土に往生することを説く教えであり、このなかの「末法思想《まっぽう》」は、日本で独自の解釈がなされました。釈尊入滅から二千年を経過した、次の一万年を「末法」といいます。これはあくまで時代区分の話でしたが、日本では、折しも増えていた災害、戦乱による不安から、これが終末的な思想、いわゆるハルマゲドン思想に結びついていったのです。当時の貴族たちはこぞって浄土教にすがり、浄土への信仰を募らせていきました。

そして、面白いことに、こうして新たな仏教が入ってくるたびに、神仏習合の風潮も強まっていくのでした。浄土教が興った頃、神仏習合を理論的に説明するものとして「本地《ほんじ》垂迹説《すいじゃく》」というものが登場します。これは、天照大神は密教の本尊である大日如来《だいにちにょらい》の化身であるというように、本地である仏が、仮の姿として出現(垂迹)したものが日本古来の神々だとする考え方(権現思想)で、平安中期以降に一般化しました。

古代というのは、仏教をわけがわからないながらもなんとか咀嚼して取り入れ、それをどうにか古来の神道とも融合させていこうとする過程と見ることもできます。

日本は、古来ずっと中国のまねをしてきました。そのものまねの果てに、律令制度のカスタマイズ（国風化）があり、文化の国風化がありました。制度をモノにできて、やっと文化や思想をモノにできる段階が来る——文化は常に遅行するわけです。

ですから、**「国風文化は遣唐使を廃止し、大陸との交流がなくなったから生まれた」というこことがしばしばいわれますが、そうではない**のです。遣唐使は８９４年、菅原道真によって廃止が建議され、廃止に至ります。これは、当時すでに唐や新羅からの商人来航が日常化し、わざわざ遣唐使を派遣しなくても、唐の文物や東アジアの情報が入手できるようになったからです。加えて、唐の衰退も顕著になり（９０７年に唐は滅亡）、唐から輸入した律令制についても、すでに自分のものとなりつつあったため、もう唐から何かを学ばなくてもよくなっていたのです。**遣唐使廃止後、大陸との交流はむしろ多くなっていた、また国風化の理由もそれとは無関係**、というのが実際のところです。

ちなみに、この菅原道真も非常に優秀な官僚でしたが、藤原氏の陰謀により大宰府に左遷されてしまいます。道真は帰京を願い続けるも叶わず、59歳でその生涯を閉じました。

その後、都では異変が相次ぎ、道真の死の27年後には、内裏の清涼殿に落雷が直撃。人々は、雷神・道真公の祟りだといって恐れます。道真の恨みがいかほどのものだったのかはわかりませんが、この時代、天変地異はたいてい祟りが原因だと考えられました。病気も物の怪の仕業。科学というものが未発達な時代ゆえのことですが、それは多分に人々の罪悪感に起因していました。

律令制によって国家としての形を着々と固めつつも、こうした**怨念、怨霊、心の鬼がまだ猛威を振るう混沌とした時代**――それが、古代という時代でした。しかし、その律令制も次第に機能しなくなっていき、時代は新たな別の秩序――武士社会を要請していったのでした。

第2章　秩序なき世の申し子、武士の大躍進

中世

平安時代　武士誕生の背景

荘園が武士を生んだのか

日本史において、「中世」というと鎌倉時代から始まるイメージがありますが、現在では、かつて平安時代末期とされていた「院政期」から始まるとされています。**中世といえば思い浮かぶのは武士の勃興ですが、その誕生も平安時代です。**

武士の発生には大きく分けて二つの系統があり、その一つは土地制度と深い関係がありますす。奈良時代までさかのぼり、土地政策の流れについて見ていきましょう。

７０１年の大宝律令以降、班田収授法が実質的に動き出しましたが、これは与えられた口分田を死んだら国に返すという制度であったため、農民のやる気は起きませんでした。また、人口増に伴い口分田自体が不足します。これらの事情から税収を確保できなかった政府は、７２３年に「三世一身法《さんぜいっしんほう》」を制定します。新たな灌漑《かんがい》施設を伴う開発を行えば、3世代までは国に返さなくてよいというものでしたが、これもまた返還の期限近くになると田は荒廃するばかりとなり、うまくいきませんでした。

そこで743年に、今度は「墾田永年私財法《こんでんえいねんしざいほう》」といって、開墾した土地は永遠に私財にしてよいという法令を出します。ところが、この法の登場によってやる気を出し、開墾に乗り出したのは、多くが財力のある貴族や大寺院でした。彼らは人を使って開墾することができたからです。墾田永年私財法は、結果的に富める者の私有地を拡大し、力を増大させることとなりました。こうして生まれた私有地は、「初期荘園」と呼ばれます。

武士は、この過程で発生していきました。

農民には雑徭、兵役などの重い人頭税や貢納品を都まで運ぶ運脚《うんきゃく》が課されていたため、口分田を放棄して、戸籍に登録された土地を離れるものも現れました。どういう人たちが逃げるかというと、**フリーとして腕一本でやっていく自信がある人、つまり有能な人から逃げていくのです。**これを阻止したかった政府は、「浮浪・逃亡」と悪しざまに呼び、悪いイメージを付与しようとしました。

やがて、浮浪・逃亡した有力農民たち（「田堵《たと》」）は、逃げた先の土地で、自らの配下の農民を使って開墾する「開発領主」となっていきます。すると、その富をどう守るかという問題が出てきます。そこで**彼らは自ら武装していったのです。**これが、武士の発生の一つのパターンです。

ちなみに、このときに自衛に加えて別の手段も採用されました。それが、開墾地を有力な荘園領主に寄進するという方法です。開墾地に対して徴税の圧力をかけてくるのは受領《ずりょう》（現地に赴任した国司の長）でした。受領層はたいてい都の中・下級貴族でしたから、それよりも上の立場、たとえば、藤原氏の氏寺・興福寺に土地を寄進して収穫の一部を納め、守ってもらうというわけです。こうして集まった開墾地は「寄進地系荘園《きしんちけいしょうえん》」と呼ばれています。

武士はもともと皇族だったのか

武士発生のもう一つの系統は、臣籍降下した皇族たちです。皇族は、皇統を絶やさないために多くの子どもが必要でした。ところが、多すぎる場合は中央にいても出世は難しいこと、また経費削減にもつながることから、臣籍降下といって、皇族の身分を返上して家臣になるという方策が採られることがありました。臣籍降下の歴史は古く、奈良時代から見られますが、最も有名なのは、**桓武天皇のときに臣籍に下った高望王《たかもちおう》の系譜を引く「桓武平氏」**と、**清和天皇のときに臣籍に下った源経基の系譜を引く「清和源氏」**です。『源氏物語』の光源氏も、皇族ながら源姓を賜った臣籍降下の一例です。このときの姓にはほかに藤原氏、橘氏などもあり、「源平藤橘《げんぺいとうきつ》」（四姓）と総称されたりします。

こうして平姓や源姓を賜り、臣籍に下った皇族たちのなかから、朝廷や貴族の身辺警護を担う存在が出てきます。貴人のそばに侍《さぶら》ふ者、だから「侍《さむらい》」というんですね。また、地方官などとして各地に赴き、そこで土着して繁栄していくというケースもありました。これらが、もう一つの武士の系譜なのです。つまり、**鎌倉時代に活躍する平氏や源氏は、もとは皇族なんですね。**もちろん、皇族出身者だけでなく、都での出世が難しいと思われた貴族の子弟などにも、同じような存在はありましたが、メインは臣籍降下の皇族です。

こうした高貴な血を引く武士を「棟梁《とうりょう》」（集団の統率者）として、農民層出身の武士たちが結集し、「武士団」をつくっていったのです。農民層出身の武士たちの一族の長である「惣領《そうりょう》」は、「棟梁」と主従関係を結び、「家人《けにん》」と呼ばれました。つまり、あたかも平氏や源氏の家の人であるかのようなフリをした、一種の擬制です。やがて鎌倉幕府ができて、棟梁だった人が「将軍」になると、将軍を敬う意味合いから「家人」に「御」が付き、「御家人《ごけにん》」と呼ばれるようになるわけです。

10世紀前半には、東国（平将門）と西国（藤原純友）でほぼ同時期に武士の大規模反乱

（承平《じょうへい》・天慶《てんぎょう》の乱）が発生し、朝廷に衝撃を与えました。武士は全国的にほぼ同時に発生していましたが、11世紀になると、源氏が東国に進出。源頼義・義家が、東国の武士を率いて蝦夷《えみし》の安倍氏を滅ぼし（前九年合戦）、義家が清原氏の内紛を鎮定します（後三年合戦）。こうしたなかで源氏は、東国武士からの信頼を着々と得ていきました。

その一方で、清原姓を名乗っていた清衡《きよひら》が、後三年合戦のあと、藤原姓を名乗って奥州藤原氏の基礎を築きます。平泉を拠点に、樺太、沿海州、シベリアの一部などを含む、かなり広範な北方の地域と交易し、莫大な富を築いて繁栄しました。アザラシの毛皮や金（砂金）など、ものすごく珍しいものが入手できたのです。だから、内外に金箔を使った「皆金色《かいこんじき》」の中尊寺金色堂なども建てられたわけですね。そのうえで朝廷に貢物を送り、朝廷の覚えもめでたかった。そんな奥州藤原氏の支配圏は、あたかも一種の独立国のような様相を呈していました。

藤原氏の栄華はいつ終わったのか

絶大な権力をふるった道長の子・頼道も、摂関として強固な地位を維持しましたが、それらはすべて父道長の采配あってのものでした。頼道の娘には皇子が生まれなかったため、

1068年に、**藤原氏の娘を生母としない後三条天皇が即位。これにより、長く続いた摂関政治もついにその幕を下ろしたのです。**

後三条天皇は、摂関家（藤原氏）の意向を気にすることなく、大江匡房《まさふさ》などのすぐれた学者を登用し、意欲的に国政改革に取り組みました。まず、さまざまな利権が重複し、錯綜している荘園問題に着手します。荘園の増大は国家財政を圧迫し、その保有者たる貴族、寺社、武士たちの権力を増幅させていたからです。「延久《えんきゅう》の荘園整理令」を出し、証拠書類に不備のある荘園などを次々と整理していきました。

後三条天皇に続いて、その息子・白河天皇が即位します。後三条天皇が決めた皇位継承順位では、白河の次は、その弟の実仁《さねひと》親王となっていました。ところが、白河は自分の子を即位させるために、1086年、わずか8歳の堀河天皇に譲位し、自らは上皇（院）となります。そして、幼少の天皇に代わり、天皇の父であることを理由に国政に乗り出しました。

このように、上皇（出家した場合は「法皇」）として国政にあたることを、「院政」といいます。院政は、制度上は天皇がトップでも、直接的な父権にものをいわせた形態だったため、専制的な統治が可能となりました。法や慣例は無視されていき、「院近臣《いんのきんしん》」と呼ばれる上皇お気に入りの中・下級貴族や武士などが政治の実権を握っていったのです。

一方、この時期、天皇家による造寺・造仏、院や貴族による熊野詣《くまのもうで》（もとは神社だったが本地が阿弥陀仏とされた）・高野詣《こうやもうで》など、仏教を重んじる傾向も強くなり、白河院も法勝寺《ほつしようじ》などを熱心に建立します。そんな白河院が手を焼いていたのが、「僧兵」でした。

鎮護国家思想により、仏教は長い間国に保護されてきたため、寺院は絶大な力をもっていました。その寺院も平安時代以降、律令制が乱れて武力に訴える世相になるにつれ、自衛の目的で下級僧侶などに武装させるようになりました。こうした僧侶を「僧兵」と呼びます。なかでも、興福寺と天台宗総本山・延暦寺《えんりやくじ》の僧兵は強大な力をもち、たびたび「強訴《ごうそ》」に出たのでした。

強訴とは、興福寺の僧兵が春日神社の神木を捧げたり、延暦寺の僧兵が日吉神社の神輿《みこし》を担いでなだれこんだりしながら（当時は神仏習合で、近しい関係の寺社が一緒になっていました）、自分たちの望みを強引に叶えたことをいいます。**白河院はじめ、歴代の権力者たちは、よほどのことでない限り、その要求をのみました。彼らは仏教徒でもあったため、仏罰を畏れたからです。**「治天《ちてん》の君《きみ》」として君臨した白河院も、「賀茂川の水　双六の賽《さい》　山法師（叡山の僧兵）、是ぞわが心にかなわぬもの」という言葉を『平家物語』に残し、これは「天下三不如意」といわれています。なお「賀茂川の水」とは、氾濫《はんらん》をくりかえす暴れ川の賀茂川がもたらす水害のことで、天災のこと。しかし山法師は人災です。

こうした**武力に対抗するために、白河院は、身辺警護のための武士団として「北面の武士」（院の北側の部屋に詰めて警護するボディガード）などを設置。ここから、平氏や源氏が台頭していき、朝廷内でも武力による争いの解決が一般化していきます。**それは、古代国家の崩壊と中世武士社会の到来を意味するものでした。

平氏政権はなぜ滅んだか

1156年、朝廷の皇位継承問題での対立（後白河天皇VS崇徳上皇）に、摂関家での兄弟対立（藤原忠通VS頼長）が重なり、内乱状態が発生。朝廷はこの解決に武士を利用しようと考えます。後白河・忠通側は源義朝・平清盛の軍を招き、崇徳・頼長側は源為義・平忠正の軍を招いて交戦しますが、崇徳上皇が敗れ、讃岐に配流されました（保元の乱→69頁）。同じ源平の氏族内で別の大将に付いているわけですが、当時の武士は時勢に応じて主君を替えるなど、かなりドライな世界観をもっていましたから、不思議なことではありません。

さて、平清盛、源義朝はともに勝者でしたが、明らかに清盛のほうが厚遇されました。

その手引きをしたのが後白河院の院近臣で、平氏とも親密な関係にあった藤原通憲（信西）でした。割を食った形で不満を募らせた義朝は、同じく院近臣で、信西に恨みを抱いていた藤原信頼と組んで、決起しますが、勝ったのは清盛側（平治の乱→69頁）。敗れた義朝側は、義朝が謀殺され、その長男・義平が斬首となり、三男の頼朝はまだ若かったこともあり、死罪は免れ、伊豆へ流刑となりました。

以後、清盛はめきめきと勢力を増大させていき、平氏政権を樹立します。清盛は、各地で成長していた武士の一部を、荘園などの現地支配者である「地頭」に任命。自身は武家（一般的に、権力と密接な関係にある武士を武家と呼びます）の棟梁となり、畿内や西国の武士を家人として組織します。また、大陸との交流が盛んになるなかで、大輪田泊《おおわだのとまり》（現在の神戸港付近にあった港）を修築するなど、率先して日宋《そう》貿易（中国では９０７年に唐が滅亡し、五代十国時代を経て、９６０年に宋王朝が成立していました）を行いました。しかし、平氏政権にはこうした武家的性格がある一方、古さも同居していました。清盛が太政大臣となるなど、一族で高位を独占し、娘の徳子を高倉天皇に立后して、その子・安徳天皇を即位させています。この外戚政策は、摂関家との類似性が高いものでした。

そして、**「平家にあらずんば人にあらず」**といった独裁性や傲慢さは、やがて平氏以外

保元の乱関係図

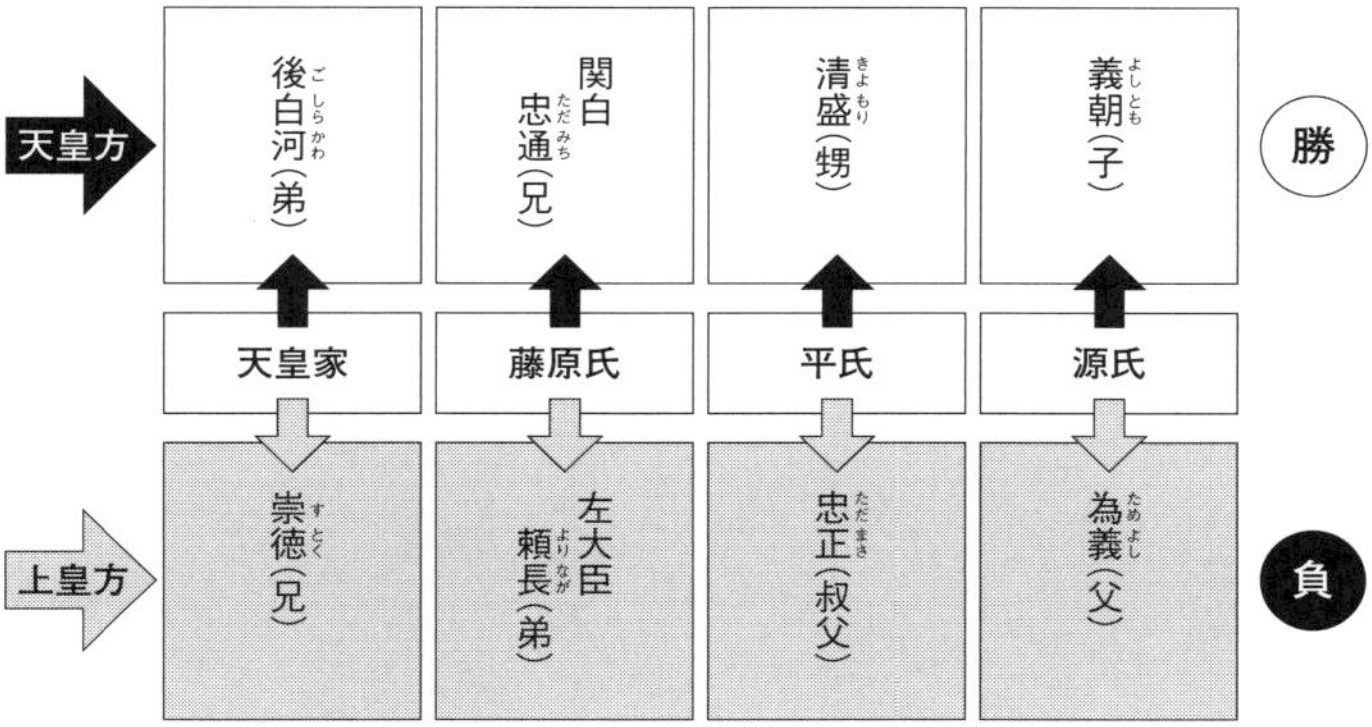

平治の乱関係図

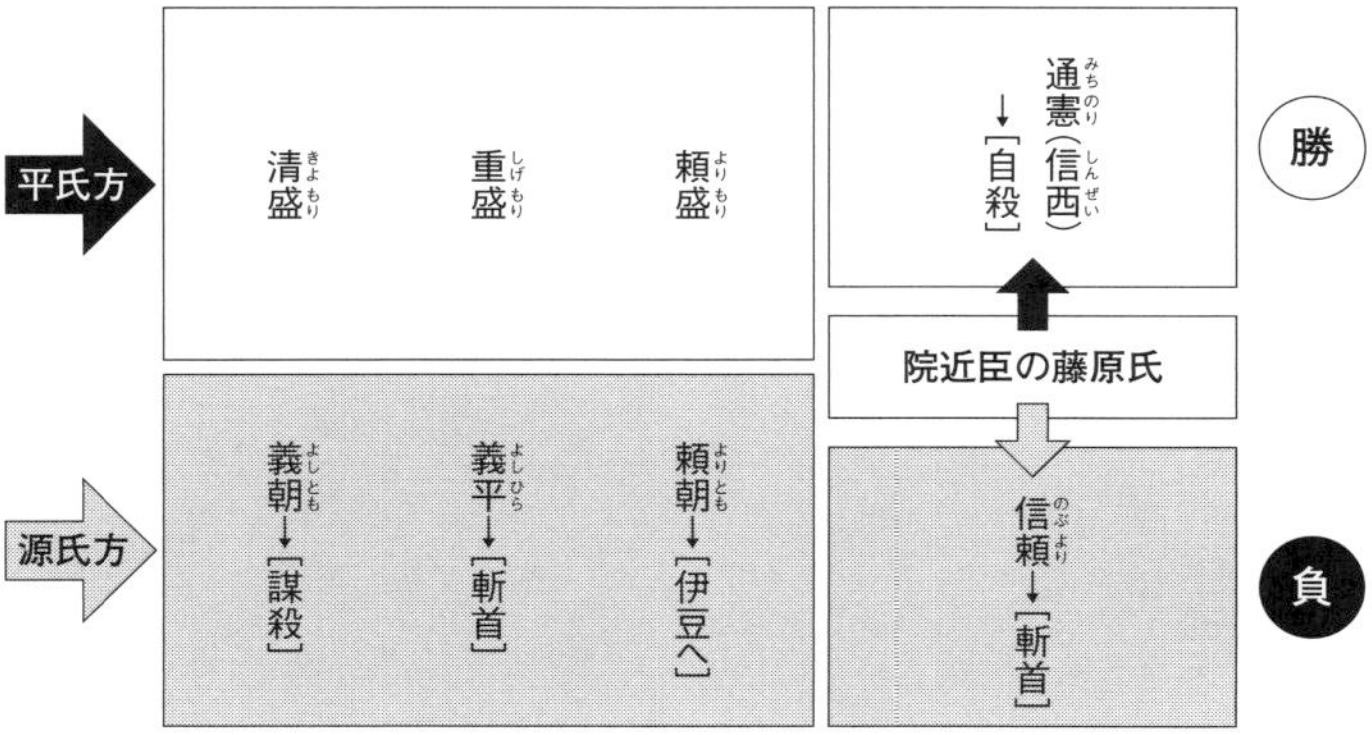

の武士や貴族のなかに不満や反感を育てていきました。1180年、強引な福原京への遷都により、彼らの不満は爆発します。後白河法皇の子・以仁王《もちひと》らが、平氏打倒の兵をあげると、伊豆の源頼朝、信濃の源（木曽）義仲らも挙兵し、全国的な内乱に発展しました。

源義仲は清和源氏の一門ですが、木曽で育ったため木曽義仲とも名乗りました。義仲のように、源氏や平氏が姓でも土地の名前などを氏とする武士たちがだんだんと増えていきます。源氏では、木曽のほか新田や足利（足利氏の名は土地由来でないとの説も）など、藤原氏を姓とする足利（藤姓足利）の系譜には畠山、細川、今川などがあります。また平氏を姓とする氏には、北条、三浦、土肥、秩父、千葉などがあります。

この源平の争乱は「治承《じしょう》・寿永《じゅえい》の乱」とも呼ばれ、1180年から6年間にわたりましたが、1185年、長門の壇ノ浦にて源氏に完全包囲された平氏が次々と海に身を投じ、平氏は滅亡に至ったのでした。

鎌倉時代　鎌倉幕府の誕生

頼朝はいかにして覇権を握ったか

治承・寿永の乱において、最も強力な東国武士団を率いていた源頼朝は、あえて上京を急がず、鎌倉を根拠地とした新政権の樹立を目論《もくろ》んでいました。朝廷側が平氏打倒という目的を達成するためには、頼朝の勢力が必要不可欠だったため、頼朝はこれを切り札に、朝廷側に次々と自身への権限委譲を求めていったのです。平氏が都落ちした1183年には、東国の事実上の支配権を後白河法皇に認めさせ、平氏が滅亡した1185年には、守護と地頭を設置する権限を獲得。そして1192年、頼朝は「征夷大将軍」に任じられ、ここに名実ともに「鎌倉幕府」が成立することとなったのです。

この戦いに、頼朝の弟・義経も活躍しましたが、平氏滅亡後に頼朝と対立。反逆を企てるも失敗して、奥州に逃れました。義経は青年期に奥州藤原氏の秀衡《ひでひら》を頼って平泉に住んでいたこともあったため、半ば亡命したというわけです。頼朝は、謀反人・義経をかくまったとして奥州藤原氏を追及。このときには秀衡も亡くなっており、その子・泰衡《やすひら》は頼朝からの圧力に耐えかね、頼朝に与《くみ》したほうが得だと考えます。父を頼って逃げてきた義経の首を討ち取り、頼朝に差し出してしまうのでした。ところが**頼朝は、「殺せとは言ってない」と言いがかりをつけ、奥州藤原氏を滅ぼしたのです。**義経もろとも自らを脅かす権力者を倒してしまう、まさに頼朝の作戦勝ちでした。

ちなみに、鎌倉からの大軍と奥州藤原氏との戦いが繰り広げられたのが、福島県伊達地方。この戦いの恩賞でこの地をもらった武士が、伊達政宗の先祖ということになります。先にもお話ししたように、奥州藤原氏の支配圏は半ば独立国のようなもので、かなりの力をもっていました。朝廷は朝廷で、頼朝のことも目障りだと思っていましたから、パワーバランスとしては面白いものがありました。泰衡が義経を討たず、庇護したまま朝廷と結ぶなど別の選択をしていたら、その後の歴史も変わっていたかもしれません。

鎌倉幕府を支えた二つの原理とは何か

鎌倉幕府は、朝廷のもつ伝統や経験を活用しながら、支配機構の整備、幕政の運営を行っていきました。まず、中央機関として、「侍所《さむらいどころ》」「政所《まんどころ》」「問注所《もんちゅうじょ》」を設置します。

侍所は御家人の組織や統制を担当する部署、政所は一般政務と財政事務を担当する部署で、それぞれの長官を別当といいました。初代別当には、侍所では有力御家人の和田義盛（三浦氏の支族）が、政所では公家出身者の大江広元が就きました（一般的に、権力の中枢から外れたあとの貴族を公家と呼びます）。問注所は裁判事務を担当する部署でした。長官を執事といい、初代執事には公家出身者の三善康信が就きました。

一方、地方機関としては、守護と地頭をおきました。守護には、有力御家人が各国一人ずつ任命され、一国内の御家人を動員して「大犯《だいぼん》三カ条」（警備の動員、謀反人と殺人者の追捕）などの、軍事・警察を司る職務にあたりました。守護は、荘園への介入は原則禁止とされていました。

これに対して地頭は、年貢の徴収や納入、土地管理、治安維持などを担当し、その職務は荘官とほぼ共通するものでした。地頭と荘園領主は激しく対立していき、やがて、両者の紛争は訴訟事件の代表格ともなっていきます。

鎌倉幕府を支えた武士社会は、二つの原理によって支えられていました。一つが、一族の長たる惣領の統括する、**血縁に基づく結合の原理**で、**「惣領制」**と呼ばれるものです。

もう一つは、**主従関係というタテの結合の原理**で、将軍に仕える御家人に集約される

「御家人制」と呼ばれるものです。御家人制は、**「御恩」**と**「奉公」**の**関係**によって成り立っていました。

　御恩とは、幕府が御家人に与える恩恵であり、先祖伝来の所領支配を承認する「本領安《あん》堵《ど》」と、戦功のあった武士に新たな所領を与える「新恩給与《しんおんきゅうよ》」がありました。御恩を受けた御家人は、奉公をもって報いる義務があり、それが、戦時には身命を賭《と》して軍役を果たし、平時にも京都大番役（皇居の警護）などにあたるという軍事的役務でした。

　こうして鎌倉幕府はスタートしますが、それは古代的秩序の否定のうえに成り立つものではありませんでした。幕府は、もともと武士としてもっていた荘園や平家没官領《もつかんりょう》（平氏滅亡時に没収した平家一門の所領）を財政基盤としましたが、朝廷側もまた、寺社や摂関家の荘園、公領などを既存の権益としてもっていたからです。公領には「在庁官人《ざいちょうかんじん》」という、荘園でいうところの荘官にあたる現地官僚もおり、これも多くは開発領主（武士）から成っていました。

　つまり、朝廷と幕府は同じような構造にあったのであり、それゆえこの時代の統治は**「公武二元支配」**（公＝公家＝京都の朝廷、武＝武家＝鎌倉の幕府）と呼ばれています。

公武二元支配の機構

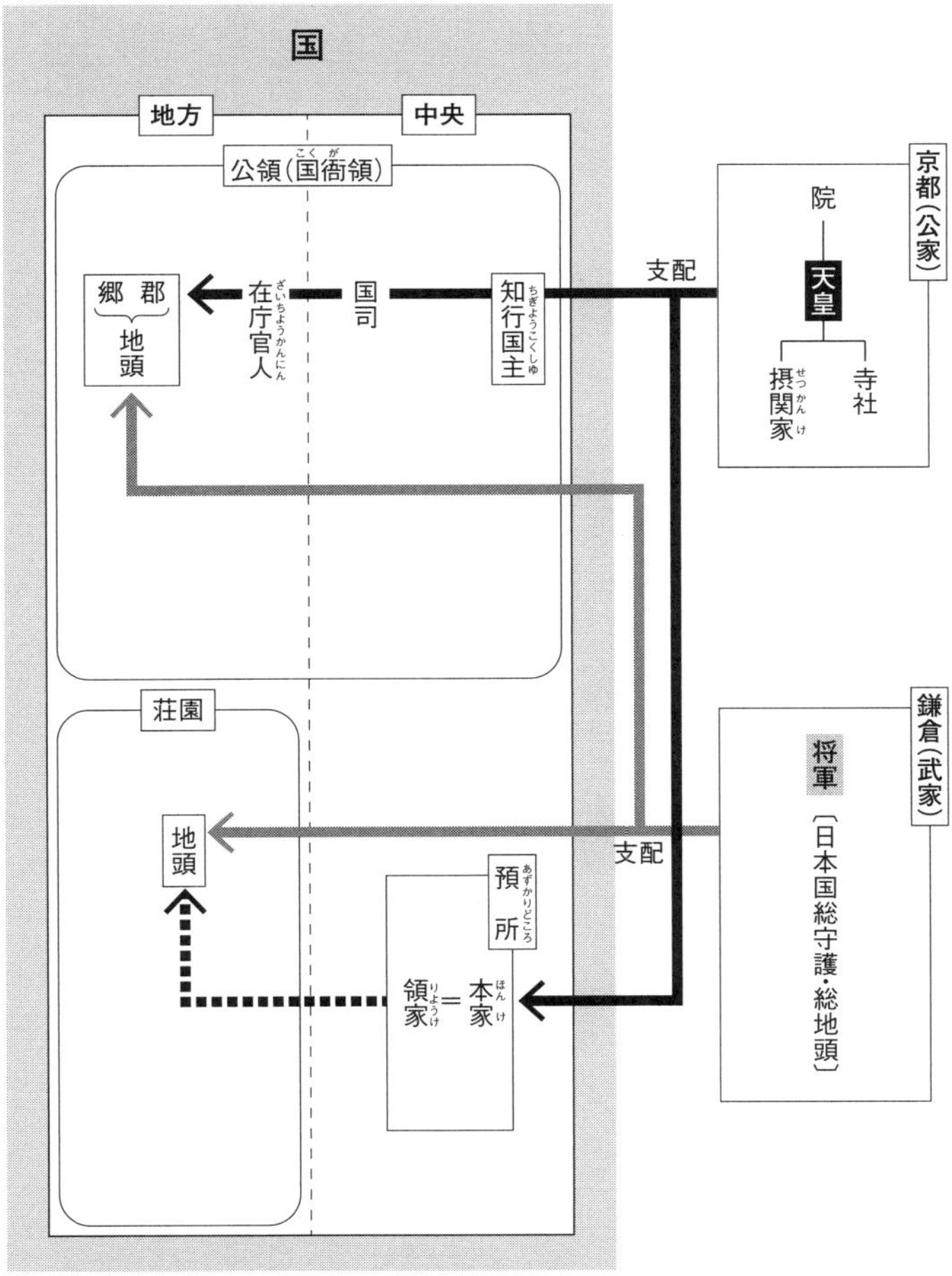

国
地方
中央
公領（国衙《こくが》領）
郷　郡
地頭
在庁官人《ざいちょうかんにん》
国司
知行国主《ちぎょうこくしゅ》
支配
京都（公家）
院
天皇
摂関家《せっかんけ》
寺社
荘園
地頭
支配
預所《あずかりどころ》
領家《りょうけ》＝本家《ほんけ》
鎌倉（武家）
将軍
（日本国総守護・総地頭）

北条氏の支配体制

伊豆の地方官僚がいかにして権力を築いたか

流人として伊豆に留め置かれた源頼朝は、監視役で伊豆の在庁官人（地方官僚）だった北条時政の娘・政子と恋仲になります。北条氏は先にも少し触れたように、もともと平氏です。**宿敵源氏の、しかも流人との結婚**ということで、時政や周囲は猛反対しますが、政子はそれを押し切りました。頼朝はその後鎌倉幕府を打ち立てるという大出世を果たすわけで、結果的に**この結婚が北条氏の大躍進へとつながっていった**のです。

1199年、頼朝が死去すると、頼朝と政子の子・頼家が跡を継ぎます。ところが、ここで外戚となった時政が実権を握り、梶原景時（平氏の系譜をひく武士）らを含む13人の有力御家人による合議で幕政運営に乗り出します。時政は、頼家の妻の父として力をつけていた比企能員《ひきよしかず》（藤原北家秀郷流）らの一族を滅ぼし、頼家の弟の実朝を将軍に擁立しました。そのすぐ後、頼家は北条氏によって暗殺されてしまいます。

時政は宮中の政務を担う政所別当（別当は「長官」の意味）でしたが、以後この地位は「執権」（将軍に代わって政務を執る職）と称されるようになります。鎌倉幕府において、源氏は頼朝、頼家、実朝と三代続きますが、二代目のときに、すでに実権は北条氏に移っていたというわけです。

父に代わり、執権となった息子の北条義時は、1213年、軍事と警察を担う侍所別当だった和田義盛らの一族を滅ぼして侍所・政所の両別当職を兼ね、以後北条氏がこれを世襲するようになります。こうして、北条氏は幕府内で強固な権力を築いていきました。

なぜ幕府は朝廷を滅ぼさなかったのか

この頃、三代将軍・実朝も頼家の息子・公暁《くぎょう》に暗殺されてしまいます。公暁は実朝の将軍就任のせいで父・頼家が殺されたと考えていたからです。しかし、この公暁を含め、全部で4人いた頼家の息子は、北条氏によって全員非業の死を遂げることとなり、一人娘も難産のために死亡。実は、初代の頼朝の急逝も、北条氏による暗殺だったのではないかという説があります。こうして**北条氏は、源氏の血を根絶やしにしたのでした。**

自分の子や孫が、父方・北条氏によって次々に殺されていくのを見て、政子はどう思ったのか。自分の子が殺されて嬉しい母親などいるはずもありませんが、当時の政子には、どちらかというと北条氏の利益のために動いているような面が多々見られます。**当時の女性たちは、夫の家の一員というより、父の家の一員という意識を強くもっていた**ことがうかがえるのです。

さて、この頃朝廷では、政治に熱心な後鳥羽上皇が院政を始めていました。着々とその基盤を確立させていく鎌倉幕府に対し、朝廷内には不満の声も上がっていましたが、上皇は公武融和政策をとり、実朝を通じて公武関係の緊密化を進めていました。ところが、その実朝が暗殺されたことで上皇も一気にその気が失せ、倒幕を決意するに至ります。

源氏の血を引く将軍が途絶えた幕府からは、皇族将軍を迎えたいとの要望がありましたが、上皇はこれを拒否し、北条義時追討を諸国の武士に命じました。かくして１２２１年、「承久《じょうきゅう》の乱」が起こります。

しかし、結果は朝廷側の大敗に終わります。多くの武士が北条氏の主導する幕府側に味方したからです。このとき大きな活躍を見せたのが、政子でした。政子は、実朝の死後、義時とともに幕政を主導していましたが、このときも御家人たちに歴史に残る名演説を行い、彼らを動かしたのです。政子は彼らに頼朝から受けた御恩を思い出させ、「武士ならその御恩を奉公という形で返しなさい」と、あくまで武士社会の原理に則《のっと》る形で呼びかけました。これに感銘を受けた御家人たちはみな涙し、朝廷軍と戦う決意をしたのです。**政子は「尼将軍」と呼ばれ、非常に強い女性というイメージがありますが、実際この時代というのは、日本史上、女性の地位が最も高かった時期でした。それは、女性も戦闘員だったからであり、その意味でほぼ男性と対等でした。**しかし、その後徐々に女性が補給員とされ、前線から下げられていくと、その地位も下がっていきました。

承久の乱後、幕府はときの仲恭《ちゅうきょう》天皇を退け、以後、皇位継承にも介入するようになります。また、京都の旧平清盛邸を改築して「六波羅探題《ろくはらたんだい》」をおき、朝廷を監視するとともに、京都の警護、西国の統括に努めました。さらに、院方所領《いんがたしょりょう》（院に味方した貴族や武士の荘園）を3000余箇所没収し、御家人たちにその地の地頭職を与えました。この際、多くの地頭に「新補率法《しんぽりつぽう》」が適用されます。

新補率法とは、当時もめていた荘園領主と地頭の紛争を避けるために定めた法令で、つまるところ、幕府が任命する地頭側の権利を保証するためのものでした。

承久の乱とは、いわば朝廷の「大きくなりすぎた息子が憎い」といった思いに端を発した戦いでした。源氏はもともと皇族の子孫ですから、朝廷とは親子みたいなもの。仲がいいわけではないけれど、肉親みたいなものです。幕府側にしても、征夷大将軍は令外官《りょうげのかん》で、朝廷から与えられている権威。つまり、**朝廷を滅ぼしたら、自分たちの存在意義もなくなってしまう**わけです。だから、朝廷を完全に打ちのめすことはしないのですね。

三代目はどうやって危機を乗り切ったのか

義時と政子が亡くなると、三代執権・泰時は、**御家人による集団指導体制によって政治を運営していこう**と考えます。そのために、執権の補佐をする「連署《れんしょ》」と、行政・司法・立法を司る「評定衆《ひょうじょうしゅう》」をおきました。評定衆は有力御家人で構成され、重要課題は、執権、連署、評定衆の合議制で決めることとしました。この政治運営形態を「執権政治」と呼んでいます。

泰時は、その合議のための指針、また公平な裁判のための基準として「御成敗式目《ごせいばいしきもく》」という法典の編纂に取り組み、１２３２年にこれを制定します。御成敗式目は、「道理」と呼ばれた武家社会の慣習法や、頼朝以来の幕府の先例を軸とした、武家最初の体系的法典でした。

これは、いわば「幕府法」の自立を宣言するものでしたが、従来の律令や「公家法」、荘園領主のもとでの「本所法《ほんじょ》」と共存する性格をもっていました。支配権力の分立が顕著となりつつあった中世においては、各々の権力においてその支配を支える法規範が存在しました。公家法とは、律令制の系譜を引く朝廷で、律令の解体と並行して確立されていった「貞観式《じょうがん》」や「延喜式《えんぎ》」などのことをいいます。また本所法とは、本所（荘園領主）が自分の支配領域に対して施行した「家務法」や「荘園法」などのことをいいます。

そのため幕府は当初、それらの法を侵犯しないように、御成敗式目は「あくまで武家のもの」としていました。ところが、武家の成長に伴い、公家法、本所法の及ぶ土地においても影響力を及ぼすなど、次第にその適用範囲が拡大していったのです。これは、その公平さ重視の特長が、広く人々に求められたためだと考えられます。

御成敗式目は、この先の室町幕府の基本法としても機能し、戦国時代の「分国法」にも影響を与えます。また、江戸時代には寺子屋で、習字の教科書や読み物の対象として用いられるなど、その生命力は実に強大でした。

鎌倉時代の裁判はなぜ長引いたのか

五代執権・時頼は、土地紛争増加に対応し、所領に関する裁判を公正かつスピーディに行うための部署として「引付《ひきつけ》」をおき、その要員として「引付衆」を任命しました。

当時の裁判は、「三問三答」という形式による、ものすごく時間のかかるものでした。まず、訴人《そにん》（原告）が訴状を引付奉行人（引付衆のもとで裁判の実務を担当する人）に提出。審査を経て受理されると、論人《ろんにん》（被告）に弁明を求めるための問状《といじょう》が出され、問状と訴状を受け取った論人は、陳状（答弁書）を提出。これを引付奉行人が審査します。これで「一問一答」。これを基本的に3回繰り返すという決まりになっていました。

たとえば、越後の荘園にいる地頭と、その荘園領主である京都の貴族の間で問題が起こったとして、その裁判をするのは鎌倉幕府ですから、越後、京都、鎌倉で書面のやりとりが必要となり、膨大な時間がかかるわけです。さらに、これで決着がつかない場合は、法廷での対決（口頭弁論）となりました。

これは公正性を求めた結果ではありましたが、たいてい数十年はかかりました。**この頃、「裁判は一生もの」だったんです。**現代の日本でも同じですよね。欧米をまねて一所懸命短くしようとしていますが、全然短くなりません。

でも、たとえば同じ死刑判決を出すにしても、1週間で結審したのと、30年間かけて結審したのでは、結論が同じでも後者のほうが正しく見えてしまう。そういう心理的効果も手伝っているのかもしれません。これは、武士の時代からの伝統なんですね。

蒙古に勝てたのは神風のおかげなのか

13世紀後半、日本は新たな危機に直面します。モンゴル高原の遊牧民だったチンギス＝ハンの主導で、モンゴル民族があっという間に中国の宋王朝を滅ぼし、ユーラシア大陸の東西にまたがる大帝国を建国したからです。モンゴル帝国の中国における呼称が「元《げん》」でした。元は日本に服属を求めましたが、ときの執権・北条時宗は応じませんでした。これを受け、チンギスの孫・フビライ＝ハン率いる元軍は、日本への襲撃に出ることとなります（これを元寇といいます）。

1274年、高麗《こうらい》軍（朝鮮半島には918年から1392年まで高麗王朝が存在し、中国との冊封関係も続いていました）を主力とする元軍約3万が、九州北部に襲来しました（文永の役）。元軍が集団戦法や火器（「てつはう」という名の炸裂弾）を繰り出したのに対し、日本は基本的に一騎打ち戦法。かなりの苦戦を強いられますが、元・高麗軍も痛手を負い、撤退していきました。

当時の日本では、武器がそこまで発達していなかったということもありますが、一騎打ちが重視されていました。これは、**武士の戦いが基本的に御家人社会の「奉公」として行われるものだったからです。奉公の功績がわかりやすい一騎打ちが好まれた**のでした。

さて、突然このような恐ろしい外圧に接し、幕府は大急ぎで国防を固めなければなりませんでした。そこで、将軍と主従関係をもたない非御家人（幕府の支配権が及ばない、公家領や寺社領の武士たち）も、守護を通して動員させ、北九州沿岸警備の軍役「異国警護番役」などにあたらせました。

7年後の1281年、日本は二度目の襲撃を受けることとなります（弘安の役）。今度は14万という大軍でしたが、運良く総攻撃の直前に暴風雨が、元・高麗軍の艦隊を壊滅してくれました。元軍はまたも退却することとなったのです。

元の日本征服が未遂に終わった理由には、もちろん暴風雨という幸運や、元軍が海戦に不慣れだったこと、日本の武士の奮戦などが挙げられますが、**元軍の大半が高麗軍で占められていた**ことも大きな要素であったといえます。**高麗軍は、元がしかけている征服戦争に無理やりかり出されているため、まったくやる気がない**わけです。こうした諸条件がそろい、なんとか日本は窮地を乗り切りましたが、幕府はいつ来るともしれない三度目の襲撃に備え続けるしかありませんでした。この長期間にわたる防衛体制の維持が、幕府や御家人社会に大きな影響を及ぼすこととなったのです。

蒙古への勝利に報酬はあったのか

鎌倉幕府というのは、もともと土着的に日本で成長していった武士が軍事力を掌握し、影響の範囲を全国に広げていったドメスティックな存在でした。だから、そもそも外になんて目が向いていないいんですね。それが突然、蒙古襲来という、外交を伴う対外戦争に直面したわけです。当時、外交権はまだ朝廷が握っていましたが、朝廷は祈ることしかしない。そんななかで、常に差し迫った軍事侵攻の危機に備え続けなければならない。こうした状況下で幕府が採っていったのが、「得宗《とくそう》専制政治」という政治形態でした。

「得宗」とは、北条氏の本家を継いだ者のことをいい、この得宗の強力な政治指導力のもと、御内人《みうちびと》（得宗家に仕えた家来）が幕政を主導するのが得宗専制政治です。つまりは独裁です。蒙古襲来は、侵略戦争ではなく防衛戦争でした。防衛戦争というのは、「やってくるぞ」となった瞬間に「やりかえせ！」となる即応性がなければ、負けてしまいます。そんなときに、伝統的な合議で方針を決めていたら間に合いません。そこで、こうした独裁的なスタイルを採らざるをえなくなったというわけです。しかし、**防衛戦争は、負けな**

かったとしても領土などの獲得はありません。それゆえ御家人たちは、「御恩なき奉公」を長期にわたって強いられ、生活に苦しむこととなったのです。

当時の御家人を困窮させる原因は、ほかにもありました。御家人社会を支えていた原理の一つである惣領制は、所領の「分割相続」を基本としていました。それゆえ、所領がどんどん細分化されていったのです。

また、この頃から農業だけでなく、商業もさかんになり始めました。荘園の年貢を貨幣で納める「銭納」、遠隔地への金銭の輸送を手形で行う「為替《かわせ》」のほか、商品の中継ぎや運送を担当する「問丸《といまる》」、高利貸しの「借上《かしあげ》」、定期市などが生まれたのもこの時代です。こうして貨幣経済（貨幣は日宋貿易でもたらされた宋銭が基本でした）が発展していくなか、武士の収益は所領の現物（米）であったため、物価変動に大きく左右されたのです。

いくつもの事態が重なり、御家人は窮乏していきました。これを受けて幕府は「永仁《えいにん》の徳政令」を出すなど、御家人救済に乗り出しました。徳政とは、仁政の意から転じて、幕府が武士や農民に売却地の取戻しや債務の破棄を認めたことをいいます。しかしながら、それは一時しのぎにしかならず、幕府の支配体制は動揺し、衰退へと向かっていったのでした。

南北朝時代　鎌倉幕府の滅亡と新時代

後醍醐天皇の倒幕計画が生み出したものとは何か

蒙古襲来を経て、困窮した御家人たちは、北条氏の得宗専制に対して不満を募らせていました。

一方、朝廷では鎌倉中期、後嵯峨天皇の退位後に、後深草天皇（兄）と亀山天皇（弟）、二つの系統の間で皇位継承をめぐる争いが続いていました。前者は持明院を御所としたため、「持明院統《じみょういんとう》」と呼ばれ、後者はその子・後宇多天皇が大覚寺を御所としたため、「大覚寺統《だいかくじとう》」と呼ばれました。14世紀初頭、幕府の仲介でようやく「両統迭立《てつりつ》」（両統の天皇が交互に即位する）という妥協策が出され、この直後に大覚寺統の後醍醐天皇が即位します。

意欲的に政治に乗り出した後醍醐天皇は、御家人たちの間に幕府への不満が高まっているのを好機と、武力倒幕へ踏み切りました。この計画自体は失敗に終わり、天皇は隠岐《おき》に流されるのですが、これが契機となり、鎌倉幕府は滅亡へと至ることとなるのです。

その理由の一つに、「悪党」の存在がありました。悪党とはこの頃に現れ始めた新しいタイプの武士で、畿内を中心に、年貢納入の拒絶、物資の略奪などを展開し、幕府を困らせる存在となっていました。**後醍醐天皇のクーデタは、悪党に代表されるような反幕勢力の結集と蜂起を促す契機となった**のです。

また、後醍醐天皇の息子・護良《もりよし》親王や側近・楠木正成なども挙兵し、幕府側が指揮官として派遣した有力御家人・足利尊氏も天皇側へと寝返り、御家人・新田義貞も倒幕の兵を挙げました。こうした経緯を経て、**1333年、鎌倉幕府はついに滅亡に至りました。**

建武の新政はなぜ短命に終わったのか

京都に戻った後醍醐天皇は、醍醐・村上両天皇の行った「延喜・天暦の治」(↓55頁)を理想とし、やる気満々で政務にあたります。摂関政治、院政、武家政治のすべてを否定し「建武の新政」を開始しますが、この新政も3年足らずという短命に終わりました。

その原因には、**旧幕府のものを引き継ぐ機関を場当たり的に設置するなど、新政の名に見合う一元的な機構を整備できなかった**ことや、「綸旨《りんじ》」(天皇の意向を最も直接的に示す文書)絶対万能主義による混乱などが挙げられます。天皇は武家社会の伝統や、公家社会の先例も無視し、あらゆる決定を綸旨によって行ったため、政務が停滞し、武士、公家、両層から反発が起こったのです。

すでに天皇／幕府の二重構造が日本社会に定着しつつあり、一元的な支配体制は適合しなくなっていたのかもしれません。

守護大名はいかにして生まれたか

一方この頃、最後の執権だった北条高時の子・時行は、鎌倉幕府再興を企てて鎌倉を占拠します。足利尊氏はこれを鎮圧しますが、その直後、建武政権からの離反も明らかにします。後醍醐天皇を見放した形となった尊氏は、天皇側との応酬を展開しながらも最終的に京都を制圧。1336年、持明院統の光明《こうみょう》天皇を擁立し、施政方針を示した「建武式目」を掲げると、**武家政権である「室町幕府」を樹立しました。** 室町の名は、のちに三代将軍・義満が京都室町に造営した「室町殿」にちなみます。

一方、吉野に逃れた後醍醐天皇は、皇統の正統性を主張して新政権に屈しなかったため、持明院統の天皇を擁立する室町幕府（北朝）と、大覚寺統の天皇を擁立する後醍醐天皇（南朝）が拮抗する、「南北朝時代」を迎えることとなります。**北朝、南朝の名は、京都**

(北)と奈良の吉野(南)という地理的関係によるものです。

しかし、南北朝時代は、単なる北朝と南朝の対立ではありませんでした。**北朝内部は、畿内近国の新興武士層と、鎌倉幕府以来の伝統的武士層とで内部分裂を起こしていました。**

前者が尊氏を支持したのに対し、後者は尊氏の弟・直義《ただよし》を支持。この両者の対立が、全国的騒乱を招くこととなったのです(「観応《かんのう》の擾乱《じょうらん》」といいます)。この過程で、両者がともにそのときの情勢に応じて南朝に回るなどしたため、南北朝の内乱は混乱を極め、長期化していきました。

ちょうどこの頃、武士結合のあり方も変化していきます。家を守る意味から分割相続は廃止され、嫡子(一家を統率する地位を継ぐにふさわしい優秀な子息)への単独相続が行われるようになったのです。これにより嫡子以外の子どもたちはしばしば独立するようになり、地縁的結合による小規模武士団が多数形成され、血縁的結合に立脚した惣領制は崩壊します。こうしたなかから、先に述べた悪党も誕生したのです。

また、南北朝時代後半には、かつての地頭層の系譜をひく地域の有力武士が、地域に深く根を下ろして実力を蓄え、「国人《こくじん》」と呼ばれる存在となっていきます。

室町幕府は、守護の役割を拡大させることで、悪党や国人などの武士を統制させようと考えました。まず、観応の擾乱に伴う混乱から1352年に「半済令《はんぜいれい》」を出し、近江、美濃、尾張三国の守護に対し、1年に限り、荘園の年貢の半分を兵粮料《ひょうろうりょう》（軍用金）として徴収する権利を与えました。

すでに戦乱のなかで力を増大させていた守護たちは、これを拡大解釈し、永続的かつ全国的に「半済」を展開させていきます。また、年貢の半分を徴収する行為が、土地そのものを折半する形へと発展していき、守護は土地を給与できる存在となっていったのです。

さらに、荘園領主が守護にその経営を一任する代わりに、守護が一定の年貢納入を請け負う「守護請《しゅごうけ》」という制度も広がり、彼らの荘園支配はますます強固なものとなっていきました。こうして、**地域的な支配力を確立した守護は、「守護大名」と呼ばれます。**この存在こそ、のちに迎える戦国時代の呼び水ともいえるものでした。

「日本国王」を名乗った将軍は誰か

57年という長期にわたった南北朝の動乱も、三代将軍の足利義満の代になり、ようやく収束していきます。1392年、義満は事実上南朝を吸収する形で南北朝の統一を果たし、ここに室町幕府は全国政権となりました。こうしてやっと安定期を迎えた室町幕府は、しかしながら、「有力守護大名との連合政権」という性格をもっていました。

そこで、義満は守護大名を牽制しながらも、その利用と統制に努めます。将軍の補佐役「管領《かんれい》」には、足利氏一門の有力守護である細川、斯波《しば》、畠山の三氏を就け（三管領）、侍所の長官である所司《しょし》には、赤松、一色、山名、京極などの有力守護を登用（四職《ししき》）。一方で、力をもちすぎていたり、謀反を起こしたりした守護大名は討伐していきました。

義満は、京都の市政権（警察権、裁判権、課税権など）に加え、それまで天皇が握っていた外交権をも掌握します。ちょうど中国では少し前に、元に代わって明王朝《みん》（1368〜1644年）が成立していました。明は一般の中国人の海外渡航や海上貿易は禁じましたが（海禁政策）、従来の東アジアの伝統的国際秩序・冊封体制に則り、周辺諸国が朝貢してきた場合は貿易を許しました。そこで**義満は、天皇の許可なく明への朝貢の礼をとり、「日明貿易」を開始します。**この貿易は、明の皇帝から**「日本国王」**に与えられた渡航証明書「勘合」を用いるものだったため、「勘合貿易」とも呼ばれています。

ここで、当時の貿易状況について、少しさかのぼって見てみることにしましょう。

蒙古襲来（元寇）があった頃も、実は日元間の私的な交易は盛んでした（日元貿易）。文永の役と弘安の役の間にあたる1276年にも、日本の商船が中国から帰国した記録が残っています。建長寺船（建長寺再建費用を得るために鎌倉幕府が元に派遣した船）や天龍寺船（天龍寺造営費用を得るために足利尊氏が元に派遣した船）も、日元間の交易が盛んだったことの証明です。やがて、南北朝時代に入ると、海賊「倭寇」が活発に活動を始めます（前期倭寇）。しかし、南北朝が統一されて日明貿易が開始されると、また倭寇はおとなしくなり、のちに戦国時代に入ると、また活発化するのです（後期倭寇）。

これはどういうことかというと、要するに、**倭寇は仕事がなくなるたびに暴れていた**、ということなんですね。彼らは普段、港湾労働などを生業《なりわい》としていましたから、貿易が行われれば仕事があるわけです。ところが、日本が南北朝時代や戦国時代といった混乱期に入り、対外的な貿易が行える状態ではなくなると、彼らの仕事もなくなる。そこで、わずかな交易船を狙って商品を奪取する海賊行為に及ぶというわけです。

この倭寇、名称通り日本人ももちろん含まれていましたが、構成員にはさまざまな人がいて、のちに、国籍はあまり問われなくなりました。たとえば、後期倭寇最大のボスといわれた王直《おうちょく》は、「王さん」なので明らかに中国人です。しかし、彼は平戸を最大の拠点にし、現地を本拠とする松浦氏に歓迎され、そこに大きな邸宅も構えていました。この王直は、のちに日本にも大きな影響を及ぼすことになります。

日明貿易はその後、四代将軍・義持が明に対して臣下の礼をとることを嫌ったため、一旦中止されます。この決断は、神国思想をもつ公家など支配層の一部からは歓迎されました。しかし、貿易の利益は無視できず、六代将軍・義教《よしのり》の代に再開されることになります。その後、のちにお話しする「応仁の乱」を経て、日明貿易の実権は、堺商人と連携した細川氏、博多商人と連携した大内氏によって握られ、両者の衝突ののち、大内氏が独占することとなりました。これに象徴されるように、この間に室町幕府の統率力も次第に弱まっていったのです。

この頃幕府では、五代将軍の義量《よしかず》が早世し、四代将軍・義持が再び政務を続行します。ところが、後継者を決めないまま義持が危篤に陥ったため、**一族内でくじを引き、後継者を決めようということになりました。**石清水八幡宮でくじを引き、神意による将軍継承という形を取ったのです。その結果、義持の弟・義教が六代将軍となります。

ところが義教は、気に入らない守護大名の首をすげ替え、所領を没収するなど専横な政治を行ったため、これに不安感を抱いた有力守護大名・赤松満祐《みつすけ》によって、１４４１年に暗殺されます（嘉吉《かきつ》の変）。こうして幕府政治は、ますます混迷の一途をたどりました。

一揆は農民だけのものだったのか

中世は、社会のさまざまな階層の人々が急速に力をつけていった時代でもありました。朝廷や公家の力が弱まる一方、武士や寺社が力をつけ、やがて、農業生産力の向上に伴って、農民たちも自ら地縁的な自治的結合（「惣《そう》」や「惣村《そうそん》」）をつくりだしていきました。惣村の村民は「寄り合い」という会議で、村法（惣掟《そうおきて》）の決定や、指導者の選出を行うほか、領主への年貢納入を惣村でまとめて請け負う「地下請《じげうけ》」を導入するなど、外部勢力の介入を排除しようとしました。

こうして社会の各階層が力を伸ばすなかで、「一揆」という結合も誕生します。**一揆とは、日常では達成できないような目的を果たすために、人々が同じ気持ちを共有して一体化するときに結成した集団**をいいます。武士、農民、門徒などによるさまざまな一揆が形成されました。農民によるものを「土一揆」といい、15世紀には、徳政や守護の退去などを求めた土一揆が頻繁に発生しました。

室町時代　下剋上の世へ

応仁の乱の勝者は誰なのか

1467年、将軍家では八代将軍・義政の家督相続を巡り、ちょっとした対立が起こります。義政に子ができなかったため、後継は彼の弟・義視《よしみ》に決まっていました。しかし、その決定の直後に、義政と妻・日野富子の間に義尚《よしひさ》が誕生します。相続の約束は白紙に戻るはずでしたが、義政は優柔不断で反故にする決断ができません。かくして、**次期将軍の座をめぐる対立が、大規模な内乱へとつながっていく**のです。これが応仁の乱です。そして、この応仁の乱は結果的に、戦国時代への扉を開けることになりました。

義視の後見役には三管領《かんれい》の一人、細川勝元がいました。対して、義尚に将軍職を継がせたい富子は、勝元の舅《しゅうと》で有力守護大名だった山名持豊《もちとよ》（宗全《そうぜん》）を味方に引き込みます。これに、三管領の畠山、斯波《しば》両氏が絡み、義視を擁する勝元＝東軍、義尚を擁する宗全＝西軍の陣営が形成され、兵が各地から京都に集結。やがて戦闘は京都から各地に広がって

応仁の乱（1467年）

発生直後の対立関係

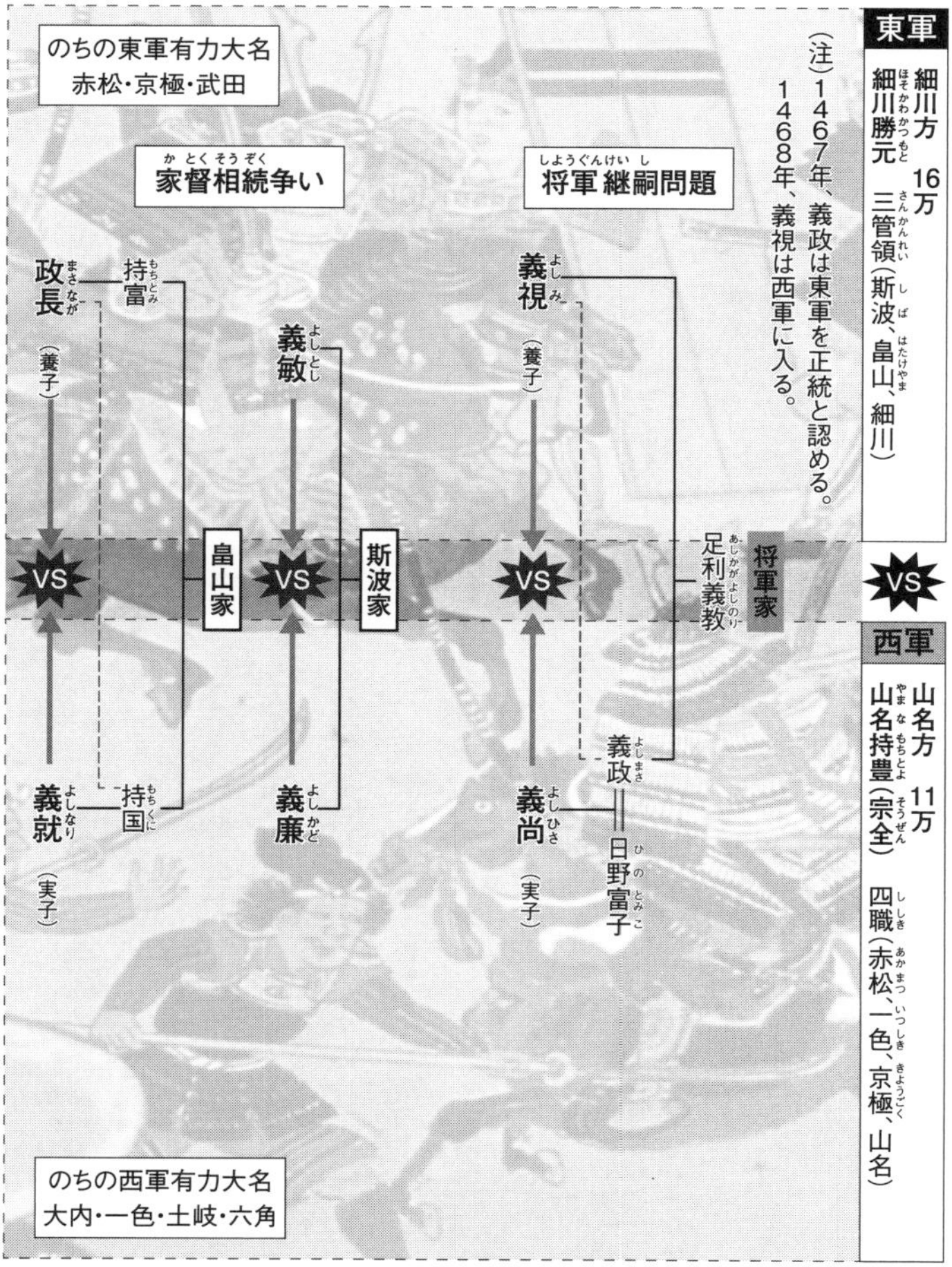

いきました。

この過程で、当初東軍だった勝元らが西軍に寝返ったり、それに危機感を覚えた義視が西軍に走ったりと、戦局は大いに迷走しました。武士たちは有利なほうに頻繁に鞍替えしたため決着は長引いて、11年にも及んだのです。**総大将の細川勝元、山名持豊が死ぬと、その子同士が和睦し、結局勝敗がよくわからないまま終結しました。**応仁の乱で京都は焼け野原になり、以後、幕府の衰退は顕著となりました。

一方、世の中では下剋上の潮流が強まります。土一揆などよりもさらに広範囲な「国一揆」も展開されるようになりました。1485年には、南山城の国人たちが「山城の国一揆」を主導し、畠山氏の軍を国外に追放。8年間にわたり、自治支配を展開させました。

戦国大名はいつから各地に現れたのか

応仁の乱で強まった下剋上の風潮は、守護大名や国人など、地域に根ざした武士たちにさらなる成長の場を与えました。こうしたなか、荘園制の秩序を覆して自らの腕一本で一定の土地・人民を一円支配する「領国」（分国）をつくりあげようとする者が現れ始めます。**いわゆる「戦国大名」の登場です。**

戦国時代とは、領国単位の支配が成立し始めた時代と言い換えることができます。その意味では、**関東は応仁の乱以前から戦国時代に入っていました。**この15世紀後半、まず北条早雲が台頭します。北条氏は関東の大半を支配する大名へと成長しました。また、中部では、越後・越中の上杉謙信と、甲斐・信濃の武田信玄が台頭し、両者は激しく対立しました。中国地方では、有力守護大名だった大内義隆が家臣の陶《すえ》氏に滅ぼされ、さらに陶氏を安芸の毛利元就が打倒。毛利氏は中国地方全域を配下におきました。

戦国大名は、居城と併せて「城下町」を形成し、領国支配や家臣団統制のためにさまざまな政策を打ち出していきました。それまで、城というのは戦闘員である武士が駐在する場所であり、主君の武家は、城とは別の場所に館を構えることが一般的でしたが、**戦国時代になると、主君たる戦国大名も城内に居住するようになります。**これに伴い、家臣や商工業者の集住も促され、領国の中心として栄えていきました。同時に、地侍（大名から侍身分を与えられた村落指導者）を有力家臣に預ける形で家臣団に組み入れ、大規模な家臣団を組織しました。保護する側を寄親《よりおや》、保護される側を寄子《よりこ》と呼びます。

当時、商工業者のなかには、公家などの本所（領主）に座役《ざやく》という一種の税を納める代わりに、市場での専売権を得ていた同業組合（市座《いちざ》）が存在しました。城下町ではこれを排除する「楽市令《らくいち》」が発せられ、経済の活性化が図られました。そのうえで、大河川の治水・灌漑、交通制度の整備、鉱山の開発などの「富国策」がとられました。

戦国大名の家臣団統制策は、ほかにもありました。土地の面積、収入額、耕作者などを記した土地台帳（検地帳）を家臣に自己申告させる「指出検地《さしだし》」や、領国内の地代を銭に換算した「貫高《かんだか》」を農民への年貢と家臣の軍役の基準とした「貫高制」などです。しかし、貫高制は自己申告を前提としたため所領は把握しにくく、徹底はされませんでした。

また、領国支配の基本法である「分国法」を定める戦国大名も多く、そのほとんどにおいて「喧嘩《けんか》両成敗法」がとられました。喧嘩両成敗法とは、私的に武力を行使した者は理由を問わず双方とも処罰するというものです。中世社会では、所領をめぐる紛争を、裁判に頼らず実力で解決（自力救済）するケースもありました。戦国大名は、こうした手段を禁じ、裁判による解決を強制したのです。そこには、各種紛争や国人一揆などの私戦を禁じることで、領国内の秩序を保とうとする意図があったと考えられます。

こうして日本全国に戦国大名が割拠し、領土拡大のためにほかの大名と戦いを繰り広げる戦国時代は、一世紀余り続きます。そして、その幕引きの立役者となったのは、西洋文明と、それを抵抗なく使いこなす一人の型破りなカリスマでした。

第3章　実力主義から身分社会へ

近世

安土桃山時代　信長というトリックスター

西洋が日本にもたらしたものとは

近世とは、西洋との邂逅《かいこう》がもたらした時代であるともいえます。外交といってもそれまでは東洋との接触しかなかった日本にとって、それは大きな衝撃でした。ヨーロッパは、ルネサンス、宗教革命を経て、近代への道を歩み始めていました。15世紀末にはすでに、貿易の拡大やキリスト教の布教、領土の獲得などを目的として積極的に海外諸国に乗り出す「大航海時代」が始まっていたのです。こうして彼らがもたらしたさまざまなものが、日本に大きな影響を与えることとなりました。

1543年、先にお話しした後期倭寇最大のボス・王直の船に乗り、一人のポルトガル人が種子島に漂着します。彼が携《たずさ》えていたのが鉄砲でした。鉄砲の射撃実演を見て、あまりの威力に驚いた島主の種子島時尭《ときたか》は、現在の数億円にも相当する2千両の大金による購入を決意し、2丁買い求めます。そして1丁を手元に置き、もう1丁を鍛冶職人に調べさせて国産化を命じたと伝えられています。こうして鉄砲は、あっという間に国内で大量生産されるに至ったのです。

この鉄砲を、最もよく使った戦国大名が織田信長でした。もちろん、ほかの武将も使っていますが、信長ほど頻繁ではありません。武士の社会は「御恩と奉公」の世界観で成り立っています。だから、奉公の功績がわかりやすい一騎打ちが基本なんです。鉄砲はかなり遠くから撃ちますから、もし敵将を討っても自分の手柄だと言いにくいんですね。そのため鉄砲はその殺傷能力に比して、戦国武将に活用されていませんでした。

ところが**エキセントリックな信長は、「勝てば何でもいいだろう」とばかりに、武士の築いてきた伝統を平気で無視できた。彼のそんな側面が時代を動かしたのです。**

信長はなぜ京へ一番乗りできたのか

周知のとおり、戦国の群雄割拠状態からいち早く抜きん出て、統一への道を踏み出したのが信長です。彼の歩みについて、見ていきましょう。

さまざまな戦国大名がその版図を広げ、覇権争いをしていたなか、信長は1568年、足利義昭を奉じて京都に上洛し、義昭を15代将軍に就かせました。義昭を奉じたのは、諸勢力を従わせるために、室町幕府再興という名目が必要だったからです。

こうやって、いち早く信長が京都に入れたのは、京都に近い肥沃な濃尾平野を領国としていた地の利も大きかったでしょう。上杉、武田、北条、毛利……ほかにも強い武将はいましたが、みんなちょっと京都には遠いですからね。

さて、こうして京都に一番乗りした信長ですが、すでにときは下剋上が当たり前の世の中。義昭が将軍位に就《つ》いたくらいでは周囲の勢力が従うはずもありません。そこで、信長は諸大名に新将軍・義昭への挨拶を求めました。しかし、義昭がお飾りであることは誰の目にも明らか。この挨拶には、その背後を固める信長の存在を認めさせる狙いがありました。**信長は新時代の到来を周知しようとしたのです。また、これに従わない者は平和を乱す者として討伐するという口実にもなりました。**

それが、1570年に起きた「姉川の戦い」です。越前の朝倉義景が挨拶に出向かなかったため、信長軍はその本拠地・一乗谷《いちじょうだに》に攻め入りました。ところがここで、思わぬ事態が発生します。絶世の美女といわれた妹のお市を嫁がせ、同盟まで結んでいた北近江の浅井長政が信長軍を裏切り、その退路を断ったのです。実は浅井氏は古くから朝倉氏とも同盟関係にあったため、長政は悩んだ末に朝倉氏を選んだのでした。不測の事態でしたが、信長は三河の徳川家康軍の援助を受け、勝利することができました。

しかし、浅井・朝倉両氏は比叡山延暦寺に逃げ込みます。延暦寺はかなりの僧兵を抱えた、やっかいな存在でした。そこで信長は、講和に持ち込もうとしますが、延暦寺は無視。ここに至り、信長は1571年、ついに延暦寺に火を放ちました。

こうして、その豪胆さで着々と対抗勢力を掃討していった信長ですが、彼のことをよく思わない人物がいました。その人物こそ、足利義昭でした。信長に奉じられて京都に入って以来ずっと、表面上は信長と連携していましたが、本心では面白く思っていなかったのです。義昭は自身には軍事力がまったくなかったため、仕方なく信長に従っていましたが、この体制では実権がなく、将軍としても立場がないと感じていたのでした。

そこで、義昭は当時最大勢力の一つともいわれた甲斐の武田信玄に、「天下静謐《せいひつ》」の御《ご》内書《ないしょ》を出し、世の中を穏やかにする＝信長を討つことを命じます。強力な武田軍の攻勢に信長軍は窮地に追い込まれますが、信玄が病に倒れたことで辛くも難を逃れました。

こうした目に遭っても、諸勢力統制のため幕府の存在は必要と考えていた信長は、義昭に和解を求めます。義昭はかたくなに拒否し、信長は義昭の居城の二条城を焼き討ちにして追い詰めます。ところが、義昭はその後もわずかな兵を集めて刃向かおうとしたため、信長はついに見切りをつけました。徹底的に義昭を攻めて降伏させ、京都から追放したのです。これにより**1573年、室町幕府はその幕を下ろしました。**

なぜ戦国武将は好んで戦ったのか

さて、武田軍において、父・信玄を亡くした武田勝頼はその遺志を継ぎ、父の宿敵だった信長と家康を打倒すべく立ち上がります。こうして1575年、長篠《ながしの》合戦が勃発します。この戦いにおいて、信長は3000梃の鉄砲で勝頼の騎馬隊を大敗させます。

そして翌1576年からは、天下統一事業を見据えて、近江に安土城の築造を開始。その城下では、「楽市令《らくいちれい》」が発令され、商人の自由な商取引が奨励されました。

戦国時代の戦いというのは、もともとは弓矢と地上戦闘だけでした。一進一退で、なかなか決着がつかないんです。ところが、**鉄砲だと一気に勝敗が決まります**。そのうえ、この時代には地域経済が発達し、**一つの戦いに勝ったときに入る富の量が桁違い**になっていました。**戦いを終えるごとに各領国間における財力の格差がどんどん広がっていく**わけです。鉄砲という革命的武器と、武士的世界観に囚われずにそれを臆せず使う信長という存在によって、戦国の動乱は一挙に終息へと向かっていったのでした。

キリスト教はなぜ許されたのか

ポルトガル人たちが伝えたものは、もちろん鉄砲だけではありません。彼らは貿易を拡大するだけでなく、キリスト教を布教しようとしていました。

当時は明が海禁政策を行っていたため、ポルトガル人やスペイン人(日本人は「南蛮人」と呼称しました)にとって東アジアに進出できる絶好のチャンスだったのです。ポルトガル商人は中国のマカオを拠点に、明で入手した生糸(白糸)を日本に持ち込み、日本産の銀を獲得するという中継貿易(南蛮貿易)で利益を上げました。この貿易で、日本にも中国産生糸のほか、ヨーロッパの毛織物、南海産の皮革、香料などが入ってきました。

やがて、種子島に鉄砲が伝来した6年後の1549年には、来日したイエズス会の宣教師・フランシスコ=ザビエルによって、キリスト教がもたらされます。また、1579年に来日した同会の巡察使・ヴァリニャーニは、キリスト教の教育機関を設立し、天正遣欧使節を派遣したほか、活字印刷機を導入しました。

信長はキリスト教に対し、非常に寛容でした。鉄砲をはじめとする新技術に魅力を感じていたのみならず、**中世的な宗教勢力が信長の統一事業の最大の障害だった**からにほかなりません。信長は、伊勢長島の一向一揆平定、11年にも及ぶ石山本願寺との戦い（石山戦争）など、これら宗教勢力の掃討に手を焼いたのでした。

信長はなぜ本能寺に火を放ったか

信長は1582年、家康軍と北条軍を従えて、長篠合戦以降勢力の衰えた武田軍を攻め滅ぼし（天目山の戦い）、中国地方の宇喜多、毛利両氏への討伐戦（中国征伐）を展開します。この中国征伐の総大将として派遣されたのが、有力家臣の羽柴（豊臣）秀吉でした。

ところが、同年6月信長は、中国征伐に向かうため京都の本能寺に宿泊中、家臣の明智光秀により襲撃されます。包囲を悟った信長は寺に火を放ち、自刃しました（本能寺の変）。**火を放ったのは、信長が自分の首を光秀方に渡さないようにするためです。**謀反を起こした光秀にとって、信長の首はその目的の完遂を確認し、また、ほかの戦国大名や信長の家臣などを味方につけるために非常に重要なものでした。

ちなみに、首は見つかりませんでした。光秀がなぜ信長を攻めたのかについては、光秀の単独犯行説のほか、さまざまな黒幕説（義昭、秀吉、家康、毛利氏、朝廷・公家勢力など）もあり、真相は今なおわかっていません。

秀吉というアイデアマン

秀吉はなぜ出世したのか

信長自刃の報を受けた秀吉は、対陣中の毛利氏と急遽和睦し、「中国大返し」と呼ばれる早業で畿内に戻って光秀を打ち破ります（山崎の戦い）。その後も秀吉は、信長の後嗣《こうし》（あとつぎ）問題で対立した柴田勝家を破り（賤《しず》ヶ岳《たけ》の戦い）、同じく対立関係となった家康・織田信雄《のぶかつ》（信長の子）との戦い（小牧《こまき》・長久手《ながくて》の戦い）で負けるも、信雄と講和に持ち込んで結果的に自身に有利に事を進めるなど、急速に信長の後継者としての地位を固めていきました。

秀吉は、出自は低い身分であったものの、それゆえ**人に媚びへつらうことも苦でなく、屈指の「人たらし」であり、アイデアマンでした。**実力第一主義の信長の元でみるみる頭角を現し、家臣団のなかですでにかなりの出世を遂げていたのです。本能寺の変の翌1583年には、石山本願寺跡に大坂城の築造も開始します。

秀吉は、その後も四国、九州、小田原、奥州を次々と征伐し、天下統一へと歩みを進めていきます。これには、信長から引き継いだ黒田官兵衛、また信長の命により自身でスカウトした竹中半兵衛など、優れた軍師がいたことも大きかったでしょう。

また、**秀吉は、巧みに朝廷の権威を利用しました。**武家権力の安定には何らかの権威が必要だと考えた点は信長と同じ（信長は将軍の義昭を利用しましたね）でしたが、秀吉は信長を反面教師とし、朝廷という伝統的権威を利用したのです。信長も義昭追放後に朝廷と一時的に接近していますが、真っ向からそれを利用したのが秀吉です。

秀吉は、光秀と通じていたともされた朝廷関係者を免罪とし、貸しをつくりました。こうした根回しは、秀吉の面目躍如というところです。こうして秀吉は、1585年に関白となり、翌年には太政大臣となって、ときの天皇から豊臣姓を賜るという大出世を果たしました。

秀吉の改革にはどんなものがあるか

秀吉の統一事業の諸政策についても見ておきましょう。まず、「惣無事《そうぶじ》」という方針を打ち出します。これは、戦国時代にそれぞれの大名たちが行っていた喧嘩両成敗法を受け継いだものです。「惣」は「総」で「すべて」の意味、「無事」は「和平・和睦」の意味。つまり、**完全な和睦、あらゆる私的武力行使を禁じる**という意味です。この命令に従わなかった島津義久、北条氏政を征討し、ほかの諸大名も服属させて、秀吉は天下統一を完成させました。

これにより、所領における紛争を武力で解決する戦国時代は完全に終わりを迎えました。 また、トップ（このときは秀吉、江戸幕府以降は将軍）の命を受けずに、**諸大名が自己の軍事力を勝手に行使することが禁じられたのです。** この政策は、村落同士の喧嘩や海賊行為の禁止、のちに発布する「刀狩令」（農民のもつ武器を没収する法令）による兵農分離など、庶民レベルにまで適用され、江戸幕府の民衆支配の基礎を形づくっていったのでした。

もう一つ、秀吉が行った政策の大きな柱が、土地制度の整備です。秀吉は、町段畝歩《ちょうたんせぶ》制《せい》や「京枡《きょうます》」などの統一基準を設け、検地役人を現地に派遣して徹底的な検地（太閤検地）を行いました。ちなみに枡はその頃まで、平安時代に後三条天皇が定めた「宣旨枡《せんじます》」（現在の1升より40％少ない）が使われていましたが、すでに有名無実化して度量衡の基準がない状態だったので、京都の新基準に合わせるようにしたのです。

そして、太閤検地によって、全国の土地の生産力を米の量に換算して把握する「石高《こくだか》制」がつくり出されました。石高は、石盛《こくもり》（1段あたりの公定収穫量）に面積を乗じたものです。秀吉は、全国の諸大名に領国の「検地帳」（田畑・屋敷地の面積、等級、石高、耕作者などを記入）と、「国絵図《くにえず》」（行政用地図）を提出させることで、これを進めていきました。

また、「一地一作人《いっちいっさくにん》」の原則を設け、一つの土地の耕作者を一人の農民だけにしました。これにより、一つの土地に重層的に権利が存在した**中世以来の荘園制は否定された**のです。法制度によって荘園を一円支配しようとする地頭が現れ、次には腕一本で領国支配を試みる戦国大名が現れました。戦国大名を束ねた秀吉による太閤検地とは、領国支配を全国一律の基準で実現していくものだったのです。

秀吉は、同時に「人掃令《ひとばらい》」という身分統制令を出し、武家奉行人（下級武士の傭兵）が、町人や百姓になること、百姓が商人や職人になること、武家奉行人が勝手に主君を代えることを禁じました。「百姓」とは、おもに検地帳に田畑・家屋敷を登録され、年貢・諸役を負担した者をいいました。

これまでは、百姓が惣結合で武装して武士のようになったり、戦時には百姓もかり出されて武装したりと、その身分というのは確定しておらず、流動的でした。ところが、**この法令によって民衆の身分が確定した**のです。また、この人掃令は、のちに秀吉が行う「朝鮮侵略」に向けての戸口調査を兼ねていました。当初の目的は対外戦争のための武装人員と年貢を負担する百姓の確保にあったわけですが、これがやがて江戸時代以降、厳しい身分秩序へと発展していったのです。

一方、秀吉は信長と異なり、キリスト教を禁じました。主君への忠誠より神への絶対的崇敬を優先し、集団行動より個人を重んじる宗教を、危険思想と見なしたためです。そこで、「バテレン（宣教師）追放令」を出しましたが、同時に南蛮貿易は奨励したため、禁教は徹底しませんでした。

なぜ朝鮮を侵略したか

16世紀後半、東アジアでは、明の衰退が顕著になりつつありました。全国統一を成し遂げた秀吉は、ここで、**日本を中心とした東アジア地域の新秩序をつくりあげよう**と考えます。そこで、明の征服を企図し、二度にわたって朝鮮（朝鮮では1392年に李成桂《りせいけい》が高麗の恭譲《きょうじょう》王を廃し、自ら即位して李朝を樹立していました）への出兵を敢行したのでした（文禄の役、慶長の役）。

日本が自らその版図を広げるべく、海外へ侵略戦争に出るのは、歴史上初めてのことで

した。白村江の戦いのときは救援に出たものですし、蒙古襲来のときは、防衛のみで手一杯になっていました。そのような行動に出るほどまでには、日本はこの間に経済力や軍事力を身につけたということにもなります。

実際、陸上の軍事力は当時、かなりのレベルにまで達していました。先にも触れたように、鉄砲が国産され、普及率も圧倒的。**集団戦法のスキルから、築城の土木技術に至るまで、ほとんど世界トップレベルといってよい**ほどでした。そのため、突然朝鮮半島に攻め入った文禄の役では、陸上部隊は向かうところ敵無し状態でした。武勇の士として知られる加藤清正などは明へのルートを探して満州に入り、女真族の領域だったシベリア南部まで二、三カ月で行ってしまったほどです。

ところが、日本は海戦には不慣れでした。文禄の役では、朝鮮側は李舜臣《りしゅんしん》率いる朝鮮水軍が活躍し、明の参戦もあり、日本は窮地に立たされます。九州から朝鮮半島までのわずかな補給路を防衛できず、停戦となりました。講和交渉決裂後に起こった慶長の役でも水軍は当初から苦戦を強いられ、秀吉の病死をもって撤兵します。

秀吉が明の征服を目指して朝鮮への軍事行動を開始したあたりから、家臣たちは秀吉の真意を測りかねていました。秀吉は明にとどまらず、ゴア（インド）のポルトガル政庁、マニラ（フィリピン）のスペイン政庁、高山国（台湾）などにも服属を要求していたのです。

また秀吉は、生まれても早世するなどして実子に恵まれませんでした。しかし晩年、文禄の役のさなかに側室・茶々（淀殿）が実子（秀頼）を産んだことで、秀吉は豹変していきます。秀頼かわいさから、ずっと豊臣家を支え、跡継ぎとなっていた2代目関白の甥・秀次を切腹させ、その一族三十数名をも処刑したのです。この事例を機に、家臣たちの心は離れはじめました。こうして、朝鮮侵略の失敗を経て、豊臣政権はいよいよ衰亡の一途をたどっていったのです。

江戸時代　家康というジェネラリスト

天下分け目の戦いはなぜあっさり決着したのか

　秀吉の死後、みるみるその存在感を増していったのが家康でした。もともと家康は、秀吉が晩年政権運営にあたらせた「五大老」の一人でした。この五大老はほかに前田利家、毛利輝元、宇喜多秀家、小早川隆景（死後は上杉景勝）という、錚々《そうそう》たるメンバーで構成されており、家康はこのなかで筆頭格でした。幼かった秀頼に代わって政務を行う摂政のようなかたちで、かなりの権力を握っていたのです。

　また、家康には十分な財政基盤がありました。秀吉は、小田原征伐で北条氏の所領を手に入れると、家康の所領を三河地方からこの地（関東）に移します。有力な家康を少しでも京都から離れさせたかったのです。しかし、そんな仕打ちをそのまま断行したのでは家康も納得しません。そこで秀吉は遠ざけた家康に、２５０万石の領地を与えました。

　とはいえ当時の関東は、鎌倉府（室町幕府が関東統治のために鎌倉に設置した機関）があるくらいで、重要な場所ではなく、入り江や沼地も多い土地。秀吉は、これで一安心と思っていました。

ところが家康は、秀吉の監視から離れて悠々と関東平野を開墾し、埋め立て、水路を整えて、300万石もの収穫を上げる強国へと成長させました。これがのちの江戸幕府の基盤となります。また、朝鮮から遠い地の領主であるという理由からか、朝鮮侵略時も、九州までは派兵したものの渡航指示は免れました。そのため、戦力を温存できたのです。

こうして地位、財力、戦力の基盤を築きつつあった家康は、天下を取るために動き出します。このとき家康が巧みだったのは、徳川VS豊臣ではなく、あくまで自分は豊臣家の家臣として敵対勢力と戦うという構図をつくりだしたことです。その敵対勢力として導き出されたのが、石田三成でした。

秀吉の行った朝鮮侵略で、三成は文官的役割を担い、現地の諸将と秀吉との連絡や物資の調達などに従事していました。無謀ともいえる戦いに、現地からは作戦変更が提案されるも、これを三成が伝えると秀吉は激怒。彼らの所領没収を命じます。このペナルティが伝達役にすぎない三成の仕業だと誤解されてしまい、三成は現地にいた諸将（福島正則、黒田長政ら）に疎まれるようになってしまったのです。

家康はこれを利用し、家康（東軍）VS三成（西軍）という構図をつくりだします。しかし三成は、当時五奉行（五大老の下部組織）もクビになっており、家康と対決するには立場があまりに弱く、対抗図式とするにも荷が重すぎました。そこで、五大老の一人、毛利輝元が西軍総大将を引き受けてくれたのです。

こうして1600年、「関ヶ原の戦い」が開戦の時を迎えます。**秀吉の甥である小早川秀秋の、西軍から東軍への寝返り**をキーポイントとして形勢は逆転し、家康率いる東軍が勝利を収めました。秀秋は、秀頼誕生前、豊臣家の跡取り（秀次の二番手）として重用されていましたが、秀頼誕生後は、秀次同様に疎まれるようになっていました。豊臣家から小早川家に出されたばかりか、秀頼のために所領を減らされるなどしていたのです。家康は秀秋の所領を復活させるなど便宜を図っていたため、秀秋は家康に恩義を感じていました。だから、家康からの寝返りの誘いにものったわけです。

なお、**東軍に寝返ったのは秀秋だけではありません**でした。実は、西軍総大将の輝元自身も乗り気でなく、**参謀の吉川《きっかわ》広家にほぼ一任しているような状態でした。この頼りの広家が、なんと家康と内通していたのです。**こうした事情もあり、この戦いはたった半日で勝負がついてしまいました。

江戸幕府はいかにして基盤を築いたか

1603年に朝廷から征夷大将軍に任じられた家康は、翌々年にはその地位を子の徳川秀忠に譲ります。これにより、将軍職は徳川氏の世襲だと世に知らしめたのです。関ヶ原の戦いで家康が豊臣家の臣として戦っていたのは、あくまでポーズにすぎませんでした。家康はその後、大御所（前将軍）として、秀頼を擁する豊臣家をしっかり滅ぼしています（1614～15年の「大坂冬の陣・夏の陣」）。

こうして、ついに「江戸幕府」が成立します。

江戸幕府は、圧倒的な軍事力と経済力で強固な支配体制（＝幕藩体制）を確立していきます。その基盤は、三代将軍・家光に至るまでの約50年間で固められていきました。

幕府の直轄領（幕領）は、17世紀末には400万石に達します。幕府の経済基盤はこれら直轄領からあがる年貢と、佐渡や伊豆の金山、但馬生野や石見《いわみ》大森の銀山などの主要鉱山からの収入に支えられていました。また、江戸、京都、大坂の三都や、長崎、堺などの重要都市を直轄とし、商工業、貿易を統制すると同時に、貨幣鋳造権も掌握していました。

江戸幕府において「大名」とは、将軍と主従関係を結んだ石高1万石以上の武士をいい、大名の領地とその支配機構を「藩」と呼びました。一方、**石高1万石未満の武士は「旗本」「御家人」**と呼ばれ、とくに旗本とは、このうち将軍に謁見を許される者のことをいいました。

幕府は、将軍との親疎《しんそ》の関係で、**大名を「親藩」「譜代」「外様」に区分しました。**親藩は尾張、紀伊、水戸の三家など徳川氏一門の大名、譜代は戦国時代の頃から徳川氏の家臣だった大名、外様は関ヶ原の戦い後に徳川氏に従った大名です。幕府は、親藩、譜代大名を直轄領周辺にある関東、東海、近畿の要所に、有力な外様大名は連携ができないように、東北、四国、九州などできるだけ中央から遠くにバラバラに配置しました。

幕府の軍事力は、これらの旗本、御家人、諸大名の負担する軍役によって構成されていました。こうした統制をかける一方、幕府は「一国一城令」を出して居城以外のすべての城を破却させ、諸大名の軍事力を抑圧していきました。徳川氏は、関ヶ原の戦いに勝ったとはいえ、もともと戦国大名の一員にすぎませんから、すべての大名を統括する体制をつくるのは容易なことではなかったのです。

また、政務機関としては、将軍の下に**「大老《たいろう》」「老中《ろうじゅう》」「若年寄《わかどしより》」**などを設置しました。大老（非常置の職）、老中は政務を統括する重職で、譜代大名が任じられました。老中の下には大名を監察する**「大目付《おおめつけ》」**、若年寄の下には旗本・御家人を監察する**「目付」**がおかれました。

行政や裁判を担う機関としては、寺社統制を担当する**寺社奉行**、江戸支配を担当する**町奉行**、幕府の財政運営や幕領などの訴訟を担当する**勘定奉行**の**「三奉行」**がおかれました。こうして精密に機構を整えつつも、権力の集中を排除するために、これらの幕府の要職は月番交替（1カ月交替）とし、重要事項は合議制がとられました。

なぜ参勤交代が行われたか

大名統制の基本法として、幕府は「武家諸法度」を発布します。将軍の代替わりごとに発するのが原則で、違反した大名は、領地の没収や削減、国替などの処罰を受けました。

また、大名は江戸初期こそ、領内の有力武士に地方の領地を与える「地方知行制《じかたちぎょう》」をとることもありましたが、次第に、知行地を与えた武士も城下町に集住させて、藩政を担わせるようになりました。これにより、大名による領内一円支配が進みます。やがて17世紀半ばには、多くの藩で領地ではなく、藩の直轄領からの年貢米を支給する「俸禄制度」がとられるようになっていきました。

幕藩体制とは、強大な兵営国家をつくっていくための体制でした。列島全体を巨大な軍事基地にしたのです。軍事基地のなかだからこそ、武装している者は、絶対に私的に武力を行使してはならない。これは軍隊の鉄則であり、「惣無事」の系譜をひくものです。また、軍事基地内では、役割分担を明確にしないと危険です。戦国時代までのように戦争だからといって農民まで動員したりせず、戦闘要員は武士のみとし、きちんと役割を分ける。これは「人掃令」や「兵農分離」（刀狩令）の系譜をひくものです。

「惣無事」「人掃令」「兵農分離」はいずれも秀吉が行ったものですから、幕藩体制の基礎は、ほぼ秀吉の時代につくられていたことがわかります。この体制は盤石だとかなりの自信をもっていた秀吉は、朝鮮侵略に始まる世界征服へと乗り出したわけです——失敗に終わりましたが。そして、それを関東でずっと見ていた家康は、この軍事基地のシステムを統治のためだけに使ったというわけですね。

また、城下町への集住と、所領でなく年貢米が与えられる俸禄制度が推進されたことにより、武士たちは在地性を否定されていきます。かつ、私的武力行使が禁じられ、藩政にも従事するようになった武士は、どんどん官僚化していきました。

加えて、江戸時代は平和な世が続き、御恩をいただき続けたのに、奉公を見せる場がないというケースが多数発生しました。それゆえ**江戸時代初期には、異様なまでに殉死が増えた**のです。「ずっとお世話になった主君に、奉公するチャンスもなく死なれてしまった。ならば最後くらい、死をも厭わぬ真っ赤な魂を見せつけなければ」というわけですね。こうした武士道の世界観は、戦乱の世が遠いものとなった当時の武士たちが理想とするものだったのです。

さて、三代将軍・家光の代に発布された武家諸法度（寛永令）では、「参勤交代」が制度化されました。**在府・在国を一年交代で参勤するというもので、簡単にいうと、これは壮大な軍事パレードでした。**平和な時代にふさわしい、諸大名の軍事力総動員シミュレーションだったのです。

ですから、よく、**参勤交代は幕府が諸大名の経済力を落とすために行ったものという説明を聞くことがありますが、まったくの間違いです。**それは目的ではなく結果なんですね。結果的に諸大名にとって経済的負担になりましたが、大名はパレードしたかった。なぜかというと、奉公の場がなくて心苦しいからです。参勤交代は、そんな彼らが奉公魂と武士道精神を見せつける恰好の場だったわけですね。

江戸幕府を支えた存在とは

幕府は、朝廷に対してもその伝統的な権威を認める一方、明確に統制を加えていきました。それは、信長や秀吉が将軍や朝廷に近寄り、利用しようとしたのとは一線を画するもので、幕府こそが最高権力者であるという表明でもありました。京都には「京都所司代」をおいて朝廷を統制し、西国大名をその監視にあたらせる一方、朝廷・幕府間の連絡役で武家の奏請《そうせい》（天皇への請願）を朝廷に取り次ぐ「武家《ぶけ》伝奏《てんそう》」をとくに要職と見なし、定員を2名として常置しました。また、「禁中並《ならびに》公家諸法度」を設け、天皇・朝廷が権力をもつことや、諸大名が朝廷と直接結びつくことを禁じました。

こうした策を講じる一方、将軍宣下《せんげ》（将軍の任命）が朝廷の儀式であることは変わらず、幕府はあくまでも朝廷を尊崇する形をとりました。幕府の統治権を正統化するため、朝廷の権威を制御しながらも利用しようという意図があったからです。

幕府を支えていた重要な存在は、支配身分である武士だけではありません。農民、百姓、職人、町人などの被支配身分もまた幕藩体制を担う一員でした。

武士の家では戸主権が強く、戦国時代以前とられていた嫡子相続が廃され、家督は長子相続が原則とされました。嫡子相続はしばしば紛争の種となったためです。

人口の8割を占める農民は、財政基盤である年貢の負担者として最重要視されました。「五人組」と呼ばれる組織に組み入れられ、年貢納入や治安維持の連帯責任は村が負担しました（村請《むらうけ》制）。また、農民統制令などにより、私生活までが厳しく管理されたのです。

また、江戸時代には商工業の発達に伴い、町人が著しい成長をみせます。町人とは、町屋敷の家持ちの住民をいい、彼らは年貢負担を免れた一方、上下水道の整備、防火・防災などの都市機能を維持する役割を夫役《ふやく》や貨幣で負担しました。

家康の外交方針はどういうものか

家康は、西洋・アジア諸国と善隣外交策をとり、**「朱印船」による日本人の海外渡航を奨励しました。**朱印船とは、家康の与えた海外渡航許可証である朱印状を携行した商船をいいます。先にも触れたように、当時明は海禁政策をしていたため、明の商品がほしくても入手できない。ところが、明と陸続きの東南アジアには中国商人が常駐し、取引できたのです。アジアの交易は銀取引が中心で、おまけに日本は当時世界有数の銀産出国でした――その後すぐに枯渇してしまいますが。

こうした背景から、日本の商人は次々と東南アジアに進出していきました。実はこの17世紀初頭の時代は、前近代で最も日本人が海外に出た時期でもあったのです。フィリピンのルソン、カンボジアのプノンペン、タイのアユタヤなどには日本人の居留地である「日本町」が形成されていました。ルソンには3千人、アユタヤには千人もの日本人が在住していたといいます。

ところが家康は、こうした流れを推奨する一方で、貿易の管理・独占と、禁教の方針を強く打ち出していきました。

明の生糸（白糸）を日本に持ち込んで大儲けしていたポルトガルに対しては、糸割符《いとわっぷ》制度を設けてストップをかけました。日本では養蚕や製糸の発展が遅れていたため、京都西陣の高級絹織物の原料糸は、中国産の白糸頼みでした。国内商人が競って白糸を買い求めたため、価格が高騰していたのです。そこで家康は、有力商人で構成された糸割符仲間に一括購入させることで、白糸購入価格の決定権を日本側が掌握できるようにしたのです。

並行して家康は、京都の商人の田中勝介《しょうすけ》をスペイン領メキシコに派遣したり、伊達政宗に許可を出して支倉常長《はせくらつねなが》をスペイン本国に派遣したりして（慶長遣欧使節）、ほかの特定国との通商関係樹立を目指しましたが、これらは失敗に終わりました。

一方で、キリスト教は禁じました。**幕府は当初、南蛮貿易におけるメリットからキリスト教を容認していましたが、イギリスやオランダが、「ポルトガルやスペインは日本を植民地にしようとしている」と密告したことから警戒を強め、禁教政策を決めたのです。**そこには、プロテスタント諸派に属するイギリスとオランダが、カトリック教国であったポルトガルやスペインを貶めようとした一面もありました。

幕府は、キリスト教と、現在の岡山県を拠点とする日蓮宗の不受不施派《ふじゅふせ》（他宗の布施は受けず、供養も施さないという異端の一派）を「邪宗門」として禁じ、これらの信者を別の宗門へと改める「宗門改め」を敢行し、すべての個人が寺の檀家となることを義務づけました（寺請《てらうけ》制度）。

宗門改めで用いられた宗門改帳には、宗旨手形、婚姻、移住、旅行などに至るまで個人情報が記載され、それは戸籍の役割も果たしました。

イギリスとオランダは、こぞってポルトガル・スペインの日本植民地化計画を密告したことからもわかるように、当時、日本に対する貿易開拓において競争関係にありました。ことに、スペインから独立したばかりのオランダの熱意は強く、幕府に「布教しない」と約束までしています。こうした経緯を経て、結局オランダがイギリスに勝ったため、日本は以後、オランダと貿易関係を結ぶこととなったのです。

かような海外政策からもわかるように、家康はかなり慎重に貿易相手国を選んでいます。それは、どこを相手に選ぶかが、巨大な兵営国家の運営上、非常に重要なことだったからです。**オランダには、長崎来航にあたり、海外情勢に関する報告書「オランダ風説書」を定期的に提出させ、海外情報の入手にも気を配りました。**

日本は本当に「鎖国」していたのか

こうして、キリスト教が廃され、対外関係が統制されて、いわゆる「鎖国」体制が築き上げられていきます。しかし、**「鎖国」といっても完全に国が鎖《とざ》されていたわけではありません。**これまでにも述べたように、中国やオランダとの貿易はなされていますし、ほかにも朝鮮（李朝）と「琉球王国」とは国交があったからです。

ここで、この二国との関係について、少しさかのぼって見ておきましょう。

14世紀末に誕生した朝鮮（李朝）は、日本国王（将軍）に倭寇の禁圧と通交を求めてきました。このとき朝鮮は、日本国王とのみ通交を行うつもりだったものの、倭寇への対応については全方位外交を余儀なくされ、国人・商人など多種多様な人々の朝貢を受け入れました。こうして、日本からの渡航者で朝鮮国内があふれかえると、朝鮮は対馬の宗《そう》氏を通して「倭人」の入国統制を強化するようになります。そのため「日朝貿易」は、宗氏による独占状態となりました。こうして江戸時代以降から明治初期に至るまで、朝鮮から「通信使」が来日し、宗氏との間で結んだ「己酉約条《きゆうやくじょう》」に基づいて貿易が行われたのです。

一方、現在でいうところの沖縄本島では、1322年頃から北山《ほくざん》・中山《ちゅうざん》・南山《なんざん》の3地方勢力が争っていました（三山時代《さんざん》）。15世紀前半になると、中山王・尚巴志《しょうはし》がこれらを統一し、琉球王国が誕生します。琉球王国は、日本、朝鮮、東南アジア諸国を結んで中国に朝貢する中継貿易を成立させて繁栄しました。ところが、16世紀後半以降は、ポルトガル人の進出によってこの交易ルートが奪われたため、衰退の一途をたどりました。

以後、琉球王国は中国と朝貢貿易を行う一方、薩摩の島津氏に攻略されたことで、日本の幕藩体制に組み入れることが決定します。王国は、その証《あかし》として幕府に、将軍の代替わりごとに慶賀使を派遣し、琉球国王の代替わりごとに謝恩使を派遣しています。また薩摩藩を通して貿易も行いました。

こうして江戸幕府は、「通商国」（国交は結ばないものの来航は承認）として中国・オランダと、「通信国」（正規国交を結び、貿易も行う）として朝鮮（李朝）・琉球王国とつながっていたのです。また、アイヌとも交易しており、こうした交易の窓口は**「四つの口」**といわれています。**長崎口**（幕府直轄、オランダ船・中国船が来航）、**対馬口**（対馬藩が朝鮮と交易）、**薩摩口**（薩摩藩が琉球と交易）、**松前口**（松前藩がアイヌと交易）の四つです。

幕藩体制は、「鎖国」体制の完成により確立します。**「鎖国」とは、禁教のことを除くと、中国（明）の海禁政策の模倣でした。**中国の影響力の大きさがわかります。

ところが、1616年に、中国東北部の女真族（満州人）がヌルハチのもとで統一を果たし、後金王朝を樹立。1636年には国号を清とあらため、明は1644年に滅亡します。これは、漢民族の国家である明（中華）が、北方の女真族（蛮族・北狄《ほくてき》）に滅ぼされたことを意味し、日本では「中華」と「夷狄《いてき》」の逆転が起こったと考えられました。これを機に日本では、中国を中心とする華夷秩序から脱しようという意識が芽生え、中国から相対的な自立を果たしていきます。そして、幕藩体制の完成とともに「日本型華夷意識」を形成し、アジアにおける国家的自立を成し遂げていったのです。

幕藩体制に迫ってきた危機とは何か

三代将軍・家光の時代までの政治は、いわば武力で圧する武断政治でした。武断政治は体制の確立を成功させた一方、多数の牢人（家禄を失った武士。浪人とも）や「かぶき者」を生み出しました。かぶき者とは、法を無視した武力行使を是とし、異様な風体で市中を歩き回るなど反体制的な行動を展開した者たちをいいます。

こうしたなか、四代将軍・家綱の時代には、兵学者・由井正雪《ゆいしょうせつ》が牢人とともに蜂起を企図した事件（慶安の変）も発覚します。これを機に、幕府は、それまでの統制的な政治方針を転換させ、社会不安の除去、秩序の維持に重点をおくようになっていきました。家光の弟で会津藩主だった保科正之《ほしなまさゆき》が将軍補佐役となり、殉死の禁止や、玉川上水の開削（江戸市民に安定的に飲料水を供給するため）など、福祉・災害救済・都市整備に関わるさまざまな政策を打ち出していきました。

また、五代将軍・綱吉の治世は**元禄時代**ともいわれ、政治が比較的安定した時期でしたが、その一方で幕府財政が危機を迎えるなど、幕藩体制に綻《ほころ》びが見え始めた時代でした。

綱吉といえば、「犬公方《いぬくぼう》」という呼称と、すべての生き物の殺生を禁じた「生類憐《しょうるいあわれ》みの令」が有名です。綱吉が戌《いぬ》年生まれだったこともあり、犬の保護はとくに厳重を極めました。この法令は、**人を殺すのが功名だった戦国時代の価値観を、「人殺しはもってのほか」という現代にも通じる感覚へと変え、日本人のなかに定着させた**一方、「動物を殺しただけで死刑」という極端さが、人々の生活を圧迫しました。

財政面では、**金銀山が枯渇して鉱山収入が激減します。**金銀流出を避けるため、長崎貿易にも制限がかけられ、貿易利益も減少しました。加えて、江戸城を焼失させ、10万人ともいわれる死者を出した明暦《めいれき》の大火（振袖火事）も起こるなど、財政を圧迫する事象が次々に生じました。これをうけ、勘定奉行の荻原《おぎわら》重秀は、質を落とした小判（元禄金銀）を発行。幕府財政は一時的に潤いましたが、貨幣改鋳でインフレが起こり、人々の生活は圧迫されることとなりました。

18世紀初期、六代将軍・家宣《いえのぶ》、七代将軍・家継《いえつぐ》の時代には、朱子学者・新井白石《はくせき》が、綱吉の政治を修正しながら儒学に基づく理想主義的な政治を展開しようとします（正徳《しょうとく》の治）。しかし、白石の諸政策は幕府の威厳を高めた側面はありましたが、幕政の根本的改革には至りませんでした。白石は質を旧来に戻した貨幣である正徳金銀を発行しましたが、通貨供給量は減少したので、デフレが起こりました。**たび重なる貨幣改鋳が経済界の混乱を招いた**のでした。

揺らぐ幕藩体制

なぜ立て続けに改革が行われたのか

八代将軍・吉宗《よしむね》の時代以降は、いわゆる幕政改革期に入っていきます。それは、農業その他の**諸産業の発展により、逆に幕藩体制が財政的に深刻な危機に直面する**という皮肉な事態に陥っていったからです。

17世紀後半頃より、まず、農業に大きな変化が見られます。農具の改良、金肥《かねごえ》（魚肥《ぎょひ》、油粕など）の使用、農書の出現などにより生産力が向上し、それが農民の階層分化をもたらしたのです。土地を質入れして没落する農民が多数発生した一方、豪農層が田畑を小作人に貸して高率の小作料をとる「地主」や、奉公人などを雇って自ら経営を行う「地主手《て》作《づくり》」などが現れ始めました。

幕府は田畑永代売買《でんぱたえいたいばいばい》の禁止令（1643年）や分地制限令（1673年）を出し、農民の零細化を防ごうとしていましたが、こうした流れを食い止めることはできませんでした。小作地の生産能力は上がらず、やがて本百姓体制は危機を迎えることとなります。それは、小農経営の安定を前提にした幕藩体制自体を揺るがしかねないものでした。

加えて、農業以外の諸産業も発展したことで経済が急成長し、「米価安の諸色高《しょしきだか》（物価高）」という事態が発生します。**米自体は生産性が上がっているため、余るほどあるのです。それゆえ、価値が下がっていきました。**

都市では新たな価値をもつ物品が多数生み出され、貨幣なくして経済は成立しえない状況となっていました。それなのに、幕府、諸藩、武士の収入は依然として年貢米のまま。換金せざるをえず、収入はどんどん減っていったのです。

つまり、**諸産業の発展、経済成長という本来なら好ましいはずの状況が、逆に幕府、諸藩、武士という支配層たちの財政を圧迫し始めた**のです。しかし、荘園制度の成立以降、富の基盤は常に米であり、支配層もそれに立脚した財政基盤をつくり上げてきました。それゆえ、**石高本位制から貨幣経済への方向転換**は容易なことではありませんでした。

急速に時代が変化していくのに、実体経済のイロハを理解できているエコノミストはまだ存在しませんでした。こうした状況から、幕府のさまざまな改革による挑戦が続くこととなったのです。

なぜ吉宗は「米将軍」と呼ばれたのか

そのスタートを切ったのが、吉宗の「享保の改革」でした。これは財政難の克服と、支配秩序の再建を目指すものでした。

財政難対策として、**上げ米制**や**定免法**《じょうめん》を実施し、町人による新田開発を奨励します。

上げ米制とは、諸大名から一定量の米穀を徴収（代わりに参勤交代の在府期間を半減）するというものです。一時的な増収にはつながりましたが、本来、ものを施す（領国などを知行する）側の幕府が、逆に大名にものを乞うかたちとなり、幕府権威の低下を招きました。

一方、定免法は豊凶にかかわらず一定の年貢を賦課するというもので、下層農民にはきつい法律です。農民の階層分化を助長する結果となってしまいました。

支配秩序の再建にあたっては、「公事方御定書《くじかたおさだめがき》」（刑事関係成文法規）の編纂、実学（薬種となる朝鮮人参、救荒作物となる甘藷《かんしょ》などの国産化）の奨励、さらに**「相対済し令」**《あいたいすまし》、**「足高の制」**《たしだか》の発令や、**目安箱**の設置などを行いました。

相対済し令とは、金銀貸借の訴訟を当事者間で解決させるためのもので、当時膨大な数の訴訟でパンク状態だった評定所（最高裁判機関）の業務軽減と、負債にあえぐ旗本・御家人の救済を狙ったものでした。

足高の制は、役高（役職ごとの俸禄）に満たない家禄の者をその役職に就けるときは、不足分を在職中だけ支給するというもので、財政を圧迫していた役料（役付きの者への手当）の世襲を廃するとともに、人材登用を容易にするのが狙いでした。

目安箱は、民意聴取のために設置したもので、これにより小石川養生所（貧窮民のための無料の医療施設）の設立、町火消（自治的な消防組織）の設置などが実現しました。

また、吉宗は米需要を高め、米価の上昇・安定を図るために、全国の年貢米が集まる大坂の堂島米市場を公認とします。当時、堂島米市場では米の所有を示す米切手が売買されており、**世界初の先物取引が行われていました。**その取引は全国の米価に影響を与えたのです。そこでこれを公認し、大名や商人に米を買い占めさせるなど、むしろ積極的に相場に介入しようとしました。しかし、なかなかうまくいきませんでした。

また、吉宗は都市の物価を下げるために、株仲間も公認します。株仲間とは商工業者の同業組織（カルテル）で、商品ごとに形成されていました。幕府は、それらを株仲間として独占的営業を認めることで圧力をかけようと考えたわけです。「お前たち、下げろよ」と言えば、下がると思っていたんですね。しかし、カルテルにマーケットが独占されてしまえば、彼らの価格操作によって値付けは高止まりとなり、ますます物価は上がってしまうわけです。この辺りは、やはりまだ経済学が見えていない証拠だといえます。

享保の改革は、幕府の年貢収入量が近世を通じて最高額となるほどの成果を上げましたが（吉宗は「米将軍」とも呼ばれました）、一方で、商品経済の発展をいっそう刺激し、貧富の差が拡大していくこととなりました。

革新的な田沼政治はなぜ評価されなかったのか

江戸時代は、しばしば〝訴《そ》〟の社会といわれたりします。とくに中期以降、年貢減免や新税廃止などを求めた「百姓一揆」が頻発するようになっていきました。実は、**江戸時代の百姓一揆の勝率は約8割と、かなり高かった**んです。それは、たとえば「年貢を上げるな」という要求をつきつけられた場合、領主は力ずくで鎮圧するという方針がとれなかったからです。そんな混乱を起こしたら、自分が改易されるかもしれません。

この時代は、人口で見ると武士対農民は1割対9割。武士は戦うことをほとんど忘れています。しかも、かつてなら有力農民を取り込んで地侍にし、惣村《そうそん》の持つ軍事力を提供させる代わりに、土地を給与して耕作地の拡大を約束するといった丸め込み作戦もとれたかもしれませんが、身分秩序の確立により、そういう妥協策もとれない。つまり、訴えられたら打つ手がなかったんです。

さて、18世紀以降も、享保の改革による年貢増徴や、貨幣経済浸透による貧富の差の拡大に、凶作や飢饉が重なって貧農層が増加し、百姓一揆が多発していきました。都市では、特権商人や役人の家屋を破壊する「打ちこわし」が頻発します。

この時代に幕政再建を行ったのが、側用人《そばようにん》（将軍側近の最高職）から老中となった田沼意《たぬまおき》次《つぐ》でした。江戸幕府の改革というと、**享保、寛政、天保の三大改革になりますが、内容的には意次が行ったことが最も革新的でした。**三大改革では、先の吉宗、続く松平定信（寛政）、水野忠邦（天保）ともに、すべて農業に依拠する方針がとられていました。対して意次は、商業、産業に力を入れたのです（田沼時代、1767〜1786年）。

意次が考えたのは、商人から税を徴収し、税収を増やすために株仲間を奨励するというものでした。幕府に冥加金《みょうがきん》（上納金）を納めた株仲間には、商売に有利な独占権などを与えました。しかし、この政策も当時としては非常に革新的とはいえ、あくまで上がりの一部を幕府に入れさせるという程度で、現代の法人税のようなものとは異なります。当時、農業の分野では耕作地、耕作民、田畑の良し悪しまで登録して、生産力はこれだけだから何割出しなさい、という徴税システムが確立していました。ところが、商人の世界には元々徴税のシステムがなかったため、導入するのが非常に難しかったのです。

また、意次は「南鐐二朱銀《なんりょう》」を鋳造・発行します。「南鐐」とは「銀」の美名です。当時、国内には金、銀、銭の三貨（中心は金と銀）が流通し、しかもその為替レートは変動相場状態で不安定でした。このため、金貨の通貨単位の一つである二朱（一両の八分の一、現在の貨幣価値では一万円強）に相当する銀貨である二朱銀（実際にその価値の重さを有する秤量《しょうりょう》銀貨ではなく、額面が記載された計数銀貨）を発行し、金と銀の為替レートを固定して通貨統一（金貨本位制の確立）を果たそうとしたのです。

このように、意次の行った政策は非常に先進的であり、商人からの税徴収という重要なところにも目をつけたものでしたが、うまくいきませんでした。これには、先進的すぎるゆえの反発というよくある話に加え、当時**幕府が推奨していた朱子学に基づく「穀物は貴く、金銀は卑しい」という思想も影響した**ものと考えられます。

その証拠に、武士らしい武士ほど、商業を蔑む傾向がありました。武士は支配身分とはいえ、ドロドロの権力闘争のなかで重い決断をしていく立場。農民は無から有を生み出す。職人はリペアし、新しいものもつくる。対して商人ときたら、何もしないでニタニタしているだけなのにお金をガッポリ稼いでいやがる――実際はそんなことはないのですが、当時の武士たちはこんなイメージをもっていました。それゆえ、商業、経済に対する正しい理解がよけいに遅れてしまったのです。

この時代、意次の政治の要である冥加金が賄賂をイメージさせたこともあり、実際に賄賂も横行しました。加えて、天災や天明の飢饉（1782〜1788年）も発生したため、人々の非難が集中します。こうして田沼時代も終焉を迎えたのでした。

寛政の改革はなぜこんなに厳格だったのか

意次失脚後に改革を担ったのは、吉宗の孫の松平定信です。定信といえば江戸時代随一の保守派。したがって、改革の内容も統制色の強いものでした。

まず、湯島の聖堂学問所に対し、**朱子学以外の儒学の講義・研究を禁じます**（寛政異学の禁）。また**出版統制令**で、洒落本や黄表紙の作家だった山東京伝や恋川春町を処罰し、1792年には、幕府の海防政策を批判した書籍を著した林子平《しへい》を処罰、書籍も発禁にします。しかし、その数カ月後にラクスマンが根室に来航し、子平の予見が的中したことから、死後免罪となり、発禁も解除されました。

こうした規制が寛政の改革の大きな特徴ですが、**その主眼は江戸の下層民対策にありました。**改革直前、1787年に天明の打ちこわしが起こり、江戸の家屋が破壊されつくし、一時期無政府状態に陥ったためです。そこで定信はまず、「旧里帰農《きゅうりきのう》令」で江戸への流入民に対し、旅費・農具代を支給して帰村を促進。無宿人などは「人足寄場《にんそくよせば》」に強制収容し、社会復帰のための職業指導を実施しました。こうして、打ちこわし予備軍を隔離したのです。

また、旗本・御家人救済策として「棄捐《きえん》令」も出します。これは、旗本・御家人の債務を札差《ふださし》（幕府の米蔵から扶持米《ふちまい》を受け取り、換金などをした商人）に破棄・軽減させるという滅茶苦茶なものでした。こういうところにも、当時の商人蔑視の風潮がよく表れています。

定信はラクスマンの来航以来、すでに内心では「開国やむなし」と考えていました。できることなら「鎖国」を貫きたい。でも、その先には西欧列強の強行突破（戦争）が待ち受けているかもしれない。それならば、未知の危険があるとはいえ開国するほうがましだ、と考えていたのです。しかし、まだしばらくは幕府の逡巡、混迷が続くこととなります。

それは徹底して戦争を避けたゆえのことでしたが、諸藩や民衆からは頼りなく見え、攻撃の対象ともなっていったのでした。

「大御所政治」がもたらしたものとは

寛政の改革も、その厳しさから人々の反発を招き、失敗に終わりました。意次を排して定信を老中とし、寛政の改革を断行させていた十一代将軍・家斉《いえなり》は、定信失脚後、自ら政治を執ります。家斉は隠居後も大御所として政治の実権を握ったため、その政治は「大御所政治」と呼ばれました（1793～1841年）。実際に大御所だった期間は4年ほどですが、将軍時代も含めてこう呼び、その期間は50年近くにも上りました。

家斉は、それまでの質素倹約路線をやめ、**質の劣る貨幣を大量に鋳造します。**これによりインフレが起き、一時的に幕府の財政も上向き、将軍や大奥の生活は非常に華美なものになりました。家斉は大奥に入り浸り、側室40人に子どもを55人も生ませています。迫りくる危機を正視せず、その政治は弛《ゆる》みきったものとなりました。それは、商人の活動を活発化させ、停滞していた江戸文化を一気に爛熟化させて、享楽的で退廃的な**化政文化**を生み出す契機となりましたが、もちろん、多くの問題の深刻化にも拍車をかけました。

大塩の乱が幕府に衝撃を与えたのはなぜか

江戸時代は全体を通して寒冷な時代でした。とくに後半は、東アジア全体でずっと天候不順が継続。ここに噴火などの天災も重なったため、頻繁に飢饉に見舞われたのです。まず、1642年頃に5〜10万人の死者を出した寛永の飢饉。1732年には、餓死者が97万人弱（『徳川実紀』による死者数）に及んだ享保の飢饉。1782年頃からは、92万人余りが命を落とした天明の飢饉。ここに1783年に起こった浅間山の大噴火も重なり、被害は甚大なものとなりました。そして1833年から、4つ目の大きな飢饉である天保の飢饉が発生し、125万人ほど人口が減少したと推計されています。

こうしたなか、1837年に大坂で「大塩平八郎の乱」が起こりました。大塩平八郎は大坂町奉行の元与力で陽明学者でもあった人物です。この乱の最も衝撃的だった点は、**支配身分に属し、学者でもあった人間が「天下の台所」大坂で公然と権力に刃向かった**ということでした。**強烈な身分秩序が支配する近世社会において、身分の区別なく同志を募り、組織した**大塩の行為は、幕府に相当な恐怖感を与えます。また、大塩の乱に連鎖する形で多くの乱が発生したことも、幕府の恐怖心を増幅させました。そしてその恐怖こそ、次の天保の改革を幕府に要請する最大の契機となったのです。

1841年、老中・水野忠邦は天保の改革に着手します。忠邦は、「人返しの法」で出稼ぎ・奉公を抑制し、江戸への流入民を強制的に農村に返して農村の荒廃を回復しようとしました。また、商取引を自由化し、物価を引き下げることを目的として「株仲間解散令」を出しましたが、商品流通の混乱を招き、かえって物価を高騰させることとなりました。

天保の改革の大きな特徴は、そのなかに国防対策が盛り込まれていることでした。異国船の出没は相次いでいました。さらに1840年にアヘン戦争が勃発し、2年後、中国(清)はイギリスに敗北します。大国の敗北は日本に大きな衝撃を与えました。

国内では、飢饉による混乱と百姓一揆が多発していましたが、年貢の量を減らしていては、国防ができない。一方、対外面でも刻一刻と危機が迫っている――いわゆる「内憂外患」という状況のなか、忠邦は国防策を模索していきます。異国船の出没状況について、少しさかのぼって見てみましょう。

先にも触れたように、1792年にラクスマンが根室に来航して以来、19世紀に入ってから、ヨーロッパ諸国の商船などが、日本近海に頻繁に出没するようになっていました。

「鎖国」体制下にある幕府は当初、臨検を拒んだ場合は船を打ち払い、人を切り捨てるよう命じていましたが、1806年、ロシア船の取り扱いを契機に、漂着した異国船に薪と水を提供して帰国を促すという方針（薪水《しんすい》給与令）に転換します。

ところが、1808年には突如、ナポレオン戦争の余波で長崎に侵入したイギリス軍艦が、オランダ商館員を拘束し、長崎奉行に薪水の提供を求めた「フェートン号事件」が発生します。これを受けて幕府は1825年、「異国船打払令」を出し、また方針を元に戻しました。この法令に従い、1837年には、非武装のアメリカ商船モリソン号を撃退した「モリソン号事件」も起こりました。蘭学者・渡辺崋山《かざん》は『慎機論《しんきろん》』、高野長英は『戊《ぼ》戌《じゅつ》夢物語』で、幕府の無謀な砲撃を批判し、処罰されています（蛮社の獄）。

1842年、忠邦はこれを撤回して「天保の薪水給与令」を発令。当時、日本近海には、いよいよ異国船の数が増えてきていました。19世紀に産業革命を進展させた欧米列国が、市場と原料を求めてアジア地域へと進出してきたからです。こうしたなか、**忠邦はまず、すぐに戦争に発展する可能性のある「異国船打払令」をやめたのでした。**

また、1843年に「上知令《あげちれい》」を出します。当時、江戸と大坂の周辺は、大名・旗本領が錯綜して存在し、統治が行き届かず、治安悪化を招いていました。そこで幕府は、重要都市であった江戸と大坂の周辺をすべて幕府直轄地に変えようとしたのです。

実はこの構想とセットで忠邦が行っていたものに、印旛沼《いんばぬま》掘割工事があります。幕府や蘭学者の計算では、江戸湾が異国船に封鎖されたら幕府はアウトという状態でした。当時、大都市江戸に必要な大量の物資は、ほぼ南海路を中心とした海上輸送によってもたらされていたからです。江戸と銚子を直接結ぶ新航路は、非常時に緊急の輸送路として機能すると同時に、商品流通の緊密化を図ることができるはずでした。

「株仲間解散令」も、既存のものを一旦壊してその流通網を幕府が直接把握する狙いがありましたし、**忠邦の政策は非常に構想力が高かった**といえます。

しかし、上知令は江戸、大坂周辺に所領をもつ大名たちから大反発され、撤回を余儀なくされます。こうして忠邦の改革も挫折することとなりました。それほどに、幕府の権力は弱体化していたのです。

15代将軍の変遷と飢饉と改革

※カッコ内の年号は在位

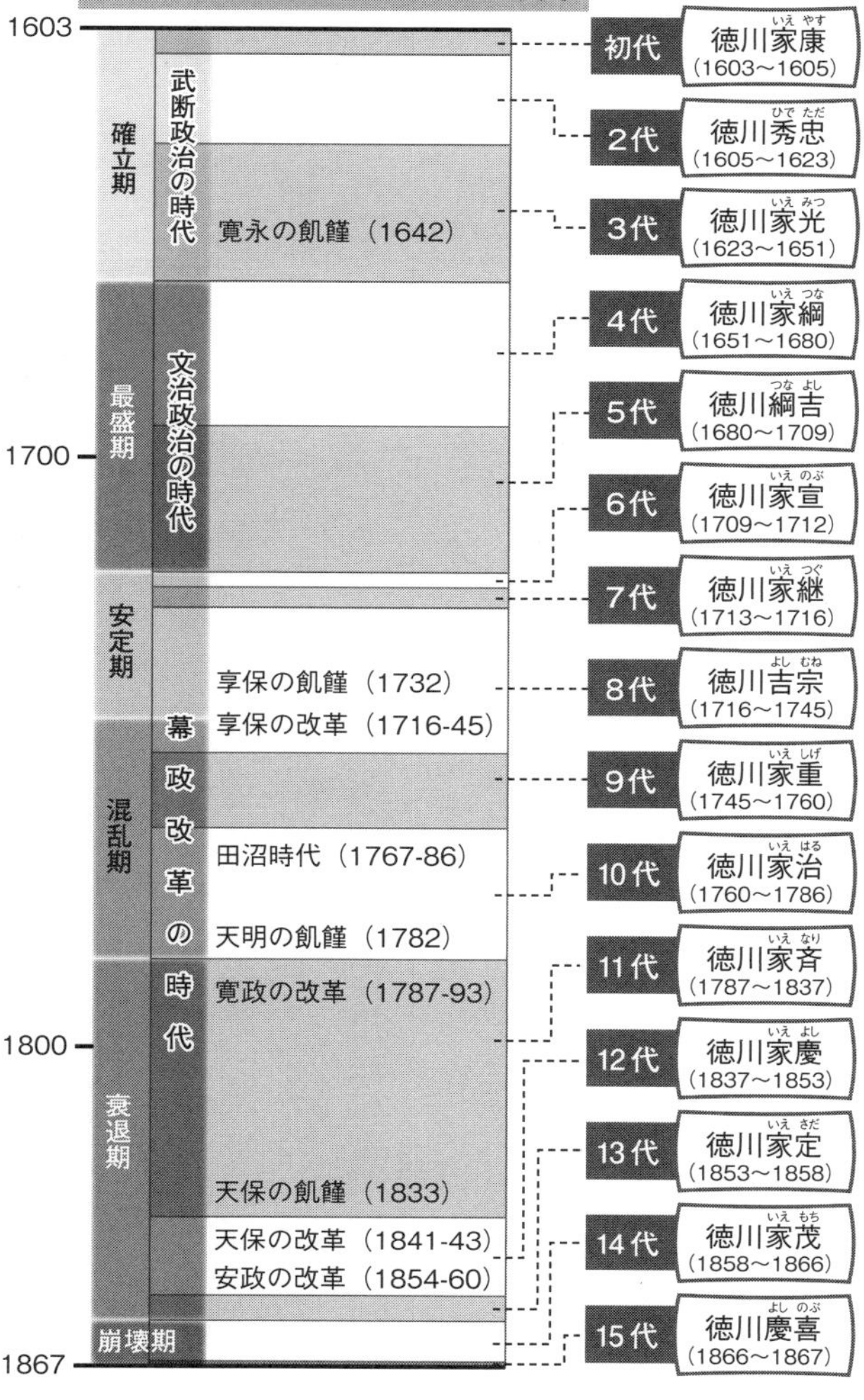

黒船、ついに来たる

アメリカはなぜ日本に目をつけたのか

列強が、市場と原料を求めてアジア地域の開拓に猛攻をかけるなか、アメリカも、日本の開国が必要だと考えるようになっていました。**中国との貿易や捕鯨業のための寄港地がほしかった**からです。しかし、「鎖国」方針を堅持する幕府は、簡単には開国しません。オランダ国王からの開国勧告も、アメリカの東インド艦隊司令官のジェームズ・ビドルからの通商要求も断固拒否します。

そんななか、１８５３年、アメリカ大統領フィルモアの国書を携え、ビドルの後任にあたる東インド艦隊司令官マシュー・ペリーが、黒船に乗ってやってきます。アメリカの本格的な開国要求に直面した幕府は右往左往したあげく、ひとまず1年待つようペリーに伝えます。幕府海防掛《かいぼうがかり》の川路聖謨《としあきら》が編み出した「ぶらかし戦術」という名の時間稼ぎです。

しかし、翌１８５４年にはペリーの強硬な態度に押され、ついに日本は「日米和親条約」を締結。ここに、日本の開国が決まったのでした。このときペリーは、戦争か開国かを迫ってきたわけですが、**実は「戦争の選択肢は絶対に選ばせるな」と大統領から言い聞かされていました。それはアメリカ側が、戦争になったら負けると考えていたからです。**

当時の国力の差がどのくらいだったのか、定かではありません。アメリカには蒸気力を使った船がありましたが、日本にはありませんでした。ペリーはこのとき、アメリカ東海岸から大西洋を南下し、アフリカのケープタウンやセイロン島（スリランカ）・シンガポールなどを経て日本まで来ています。船内では、ヤギやニワトリも飼育していました。補給の問題から、太平洋を横断する勇気がなかったのです。

一方で、日本では当時すでに貨幣が現代化していました。金銀山が枯渇し、貨幣の原料がないなかで経済規模が拡大していく。そこで、金銀の含有量を落として流通量を増やすわけです。「実際にはそれだけの価値がないものを、その価値があるものとして流通させる」というのは、のちに登場する兌換《だかん》紙幣と変わりません。ところがアメリカは、まだ貨幣価値が金に等しいという金地金本位制度の状態でしたから、経済水準でみると日本のほうが高いレベルに達していたといえるのです。そういう意味では、実はけっこう互角だったかもしれません。

さて、この日米和親条約の内容は、日本がアメリカに対し、燃料・食料の供給、難破船・乗組員の救助、下田・箱館の開港、領事の駐在許可、片務的最恵国待遇を認めるというものでした。最恵国待遇とは、その国が第三国に与える最も有利な地位や条件を条約締結相手国に与えることをいいます。「片務的」というのは、この条件を日本だけがのむという意味で、明らかな不平等条約でした。日本は同様の条約をイギリス、ロシア、オランダとも締結します。

日米和親条約を締結した、ときの老中首座・阿部正弘は、こうした難局にあたり、朝廷に事態を報告して諸大名に対応を諮問し、江戸湾防備のために砲台を築くなど、朝廷その他とも連携を図りながら改革を進めていきました（安政の改革）。

阿部はこのとき、立場を問わず、広く国内から意見を公募し、優秀な人材を登用しました。親藩の徳川斉昭《なりあき》（水戸）、松平春嶽《しゅんがく》（越前）のほか、外様の島津斉彬《なりあきら》（薩摩）、山内容堂《ようどう》（土佐）らとも提携し、彼らはのちに幕政への発言力を拡大させていきます。また、海防意見書を提出した旗本の勝海舟も、その内容の素晴らしさから登用が決まりました。勝はのちに、自らの建議によって、幕府の海軍学校である神戸海軍操練所を開設します。

日本はなぜ不平等条約を結んだのか

1856年に来日したアメリカ総領事のタウンゼント・ハリスは、アロー戦争（第二次アヘン戦争）での清の敗北を脅迫材料に、今度は通商条約の締結を迫ってきました。こうして1858年、日本は「日米修好通商条約」を締結することとなります。こちらの内容も、協定関税制を採用し（関税自主権の否定）、領事裁判権（治外法権）と居留地を承認するなど、不平等なものでした。日本は同様の条約を、オランダ、ロシア、イギリス、フランスとも締結しました（安政の五カ国条約）。

しかし、当時の日本で、これらの条約が不平等だと認識できた人物は少数でした。近代国家とは何か、また近代国家間のルールがどんなものかを理解していなかったためです。**海外の国と貿易をした際に、「関税」をかける権利があることも知りませんでした。関税自主権がないにもかかわらず、税が徴収できると聞いて喜んだ人もいた**くらいです。

日米修好通商条約の際には、阿部が亡くなっていたため、老中・堀田正睦《まさよし》が天皇の許可（勅許）を得ようとしましたが失敗。そのため、大老・井伊直弼《なおすけ》は、勅許を得ずに締結（違《い》勅《ちょく》調印）を断行したのでした。

当時、幕府内は将軍継嗣問題でも紛糾していました。十三代将軍の家定が病弱なうえ、子がなく、内外の難局に対処できる後継者をすぐにでも決定する必要がありましたが、意見が割れていたのです。幕府の主流・南紀派は、血筋を重視して紀伊藩主・徳川慶福《よしとみ》（のち家茂《いえもち》）を推し、安政の改革時に登用された松平春嶽、島津斉彬《しまづなりあきら》、山内容堂などの水戸派（一橋派）は、英明かつ年長であることから一橋（徳川）慶喜《よしのぶ》を推していました。

直弼は、この問題でも強引に南紀派の家茂を将軍と決め、反対派を多数弾圧します（安政の大獄）。こうした直弼の態度は、結果的に反幕運動に火をつけ、1860年、直弼は水戸浪士らに暗殺されることとなりました（桜田門外の変）。

条約締結によって1859年から横浜、長崎などの居留地内で貿易が始まると、新たな問題も発生しました。日本はそれまで幕藩体制下で、国内生産のみでほぼ自給自足できる状態を維持していました。その体制が列国との貿易によって揺るがされ、崩れていったのです。生糸などはイギリスの資本力で大量に買い占められ、品不足や物価の高騰が生じました。こうした流れを受けて国内では攘夷（外国排撃）運動が巻き起こるようになっていきました。

攘夷とは、節度を失ったナショナリズムの高揚です。**外圧を受けることによって自分た**

ちが日本人であるということを再認識し、「ここを守らなければ」という感覚が生まれる。それは、あるまとまりをもった社会であれば、外圧に接したときに起こりうる、自然な反応ではあるのです。

尊王論はいつ生まれたか

こうして、開国という国家の一大危機に伴い、国内では反幕府や攘夷の動きが高まっていきますが、その動き自体は、かなり前の段階から生まれつつありました。少しさかのぼって見てみることにしましょう。

四代将軍・家綱の文治政治の頃より、江戸幕府はずっと儒学の理念に支えられてきました。儒学の最大の柱の一つが「尊王」です。尊王とは王や皇帝を神格化し、敬うものです。日本における王は天皇だ、その**天皇から大政を委任されている江戸幕府はすごい**ものなんだという理屈で、**もともと尊王論は幕府を権威づけるものでした。**

ところが、江戸期も後半頃になってくると、欧米列国の外圧によってナショナリズムに火がついていく。その影響もあり、尊王論が幕府を批判する議論に変わっていくんですね。**日本における王は天皇だ、天皇から大政を委任されている江戸幕府は、それにふさわしい**

責任を果たしているのか、なぜこんなにだらしないんだ、という反幕論になっていく。これがやがて攘夷と結びつき、幕府を批判する「尊王攘夷（尊攘）」論となっていくわけです。

この時期は体制の危機により、学問・思想の分野でも、批判精神の高揚が顕著となりました。漢学（中国に関する学問）に対して日本固有の精神、文化を明らかにしようとした「国学」では、次第に日本古来の道（古道）を絶対化する傾向が強まっていきました。そのなかでより神秘性、宗教性を重視した平田篤胤《あつたね》は、「復古神道」にたどり着きます。復古神道は、日本を唯一無二の「神国」として絶対視する、排外的な日本中心思想でした。これは、以降の尊王攘夷運動の思想的な原動力の一つともなっていきました。

17世紀に水戸藩で生まれた「水戸学」（儒学思想を中心に、国学、史学、神道を組み合わせた学問）も、『大日本史』などの編纂を通し、日本における正統な統治者は皇室であると主張しました（尊王論）。水戸学は、19世紀前半には尊攘論を体系化し、それは長州藩の思想家・吉田松陰などに強い影響を与えていきました。

薩長はなぜ大きく成長したのか

これまでにもお話ししたとおり、収入を年貢米で得ていた層は、みな財政難に陥っていました。幕府だけでなく、諸藩や武士もみな資金繰りに喘いでいたのです。そのため幕末期には、それぞれの藩でも危機克服のため、藩政改革が行われていました。

こうしたなか、有能な藩士の登用などによって藩政改革を成功させ、巨額な借財の整理、軍事力の増強、藩営工業の展開などに成功したのが薩摩、長州、土佐、肥前の四藩でした。これらの藩は「雄藩」と呼ばれ、幕政に揺さぶりをかけていく存在となっていきます。

この四藩はいずれも外様で、関ヶ原の戦いの後には幕府に大きく所領を減らされていました。そんな幕府への恨みをバネにした部分もあったかもしれません。なかでもとくに大きく成長したのが薩摩と長州でした。その最大の基盤は、財力と軍事力にありました。

幕末期の両藩の石高は、薩摩は表高（幕府が軍役などを課す際に基準とした石高）で77万石（全国2位）、長州は表高37万石（全国9位）でした。ところが実高（大名領などで実際に年貢賦課の対象となった石高）では、薩摩は87万石、長州は71万石（100万石ぐらいあったという説も）にも上ったのです。

ここまでの財力を保有できた理由は、借財整理の成功があったからにほかなりません。その方法は、藩が抱えていた巨額の借金を、**長州藩は利子だけ毎年返済して37年後に完済**したことにするというもの、**薩摩藩は250年ローンの無利子返済**に変えるというものでした。かなり強引でしたが、とにもかくにも解決にもっていったわけです。

次に、軍事力について見てみましょう。先に述べたように、薩長とも幕府から所領を減らされたわけですが、家臣の数は石高に比例して決められたため、家臣のすべてを直臣（直属の家臣）にできませんでした。そこで、直臣にできなかった武士は「郷士」（武士身分とされた農民）と呼ばれ、武士に数えられていませんでした。兵農分離の原則にもかかわらず、郷士のような存在は各地にみられ、農民支配の末端とされたり、新田開発の要員とされたりすることがあったのです。

薩長の武士の数は、公式では薩摩1万4000人、長州6000人となっていますが、**隠れ武士ともいえる郷士的存在が大勢いた**ために、実際の数は薩摩2万8000人、長州1万1000人にも上ったのでした。

激動の幕末

薩摩藩はなぜ開国派となったのか

直弼暗殺後、老中・安藤信正は、穏健策と公武合体策を模索していきます。

まず、安政の大獄で弾圧されていた徳川慶喜、松平春嶽、山内容堂らの謹慎を解く穏健策をとりました。そして、朝廷の力を利用して失墜した幕府の権威を取り戻そうと試みます。その一環として行ったのが、孝明天皇の妹・和宮《かずのみや》の十四代将軍・家茂《いえもち》への降嫁でした。ところがこの政策は、開国政策とともに尊攘派から激しい非難を浴び、1862年、信正は襲撃され、負傷することとなりました（坂下門外の変）。

こうしたなか、薩摩藩主・忠義の父で藩政の実権を握っていた島津久光も、独自の公武合体路線を追求していきました。薩摩藩は、朝廷の公武合体派公卿と結び、勅命による圧力を利用して薩摩藩主導の幕政改革に乗り出しました（文久の改革）。

このときに、春嶽は「政事総裁職」、慶喜は「将軍後見職」、会津藩主だった松平容保《かたもり》は

「京都守護職」という要職に就きました。容保は当時、流行病にかかって病床にあったこともあり、当初、そのような大役は務まらないと再三固辞しました。ところが、春嶽や幕臣の日夜にわたる勧誘や、藩祖・保科正之の遺した会津家訓十五カ条（徳川家に忠義を尽くすことを第一条とする）を持ち出しての説得により、奉命を決意するに至ります。のち、この容保の配下に新選組が結成されることになるわけです。

一藩にすぎない薩摩藩が幕政への介入を果たしたという点で一つの大きな転換点であり、幕府はその政治的指導力の低下を露呈することとなりました。

当然のことですが、薩摩藩でも攘夷思想は強烈でした。雄藩の薩長土肥はいずれも、分類すれば攘夷派だといってよいでしょう。

ところが、1862年に起きた「生麦事件」と63年の「薩英戦争」を機に、薩摩藩は考えを転回していきます。生麦事件とは、横浜の生麦村で、島津久光の行列がイギリス人商人を殺傷した事件。薩英戦争とは、薩摩藩がその報復を受けたものです。ここで**イギリスの軍事力を目の当たりにした薩摩藩は、真の攘夷のためには本当に強くなるしかない（開国・近代化）と悟る**に至ったのです。

この薩英戦争は、イギリスが薩摩藩の実力を評価する契機ともなり、以後、薩摩はイギリスから武器を購入するなど緊密な関係を築いていきました。

尊攘派の長州藩はなぜ「朝敵」となったのか

海に面し、中国大陸にも近い長州藩は、イギリスによる中国侵略（アヘン戦争）など、西欧列強の脅威を物語る情報が、早めに入ってくる環境下にありました。先にも触れたように、長州の思想家・吉田松陰は尊攘論に強い影響を受けていましたから、それも手伝って、長州藩は尊攘派の急先鋒ともなっていきました。

長州藩では1863年5月10日を攘夷決行期日とし、この日、実際に下関海峡でアメリカ商船を砲撃。以後、同月内にフランスとオランダの軍艦にも砲撃を加えました。しかし、こうしてより過激さを増す長州藩に、公武合体派（薩摩藩、会津藩など）は、危機感を覚えます。そこで、同年8月18日、孝明天皇の勅許を得て、長州藩兵千人余りと攘夷派の公卿7人を朝廷から追放するに至ったのです（八月十八日の政変）。

当時、薩長両藩は、ともに朝廷を擁して自藩の勢力拡大を図ろうとしていました。薩摩は公武合体路線、長州は尊王攘夷運動。形は違えども、朝廷勢力を取り込みつつ勢力を伸ばそうとした点は同じであり、両藩は競争関係にありました。

孝明天皇は、攘夷はしたくとも武力攻撃には疑問を感じ、朝廷での影響力を拡大しつつあった長州を快く思っていなかったため、公武合体派に与したのです。以後、京都では公武合体派の勢力が強くなっていきました。

長州藩は、1864年6月、再度勢力を挽回して京都に潜入し、公武合体派を討つ謀議を旅館池田屋にて行います。ところが、新選組に探知され、斬り込まれる事態に陥ります（池田屋事件）。これに憤激した長州藩は翌7月、新選組を預かる京都守護職・松平容保の追放を朝廷に訴えますが、聞き入れてもらえません。そこで、公武合体派の追放と京都での復権を目指し、御所の蛤《はまぐり》御門《ごもん》付近で警護中の薩摩・会津両藩と乱闘を繰り広げますが、再び敗れました（蛤御門の変）。**長州はこのとき御所を砲撃したため、孝明天皇の怒りを買い、「朝敵」となってしまった**のでした。

こうしたなか、翌8月には前年長州藩が起こした攘夷行動の報復として、イギリス、フランス、アメリカ、オランダの四国が下関を砲撃して占領した四国艦隊下関砲撃事件（馬《ば》関《かん》戦争）が発生します。これにより、圧倒的な軍事力を目にした長州藩は、ただ攘夷を振りかざすだけでは無力だと認識するようになります。

同じ頃、幕府は蛤御門の変の処分として勅命を受け、「第一次長州征討」を行います。

幕末思想の系譜

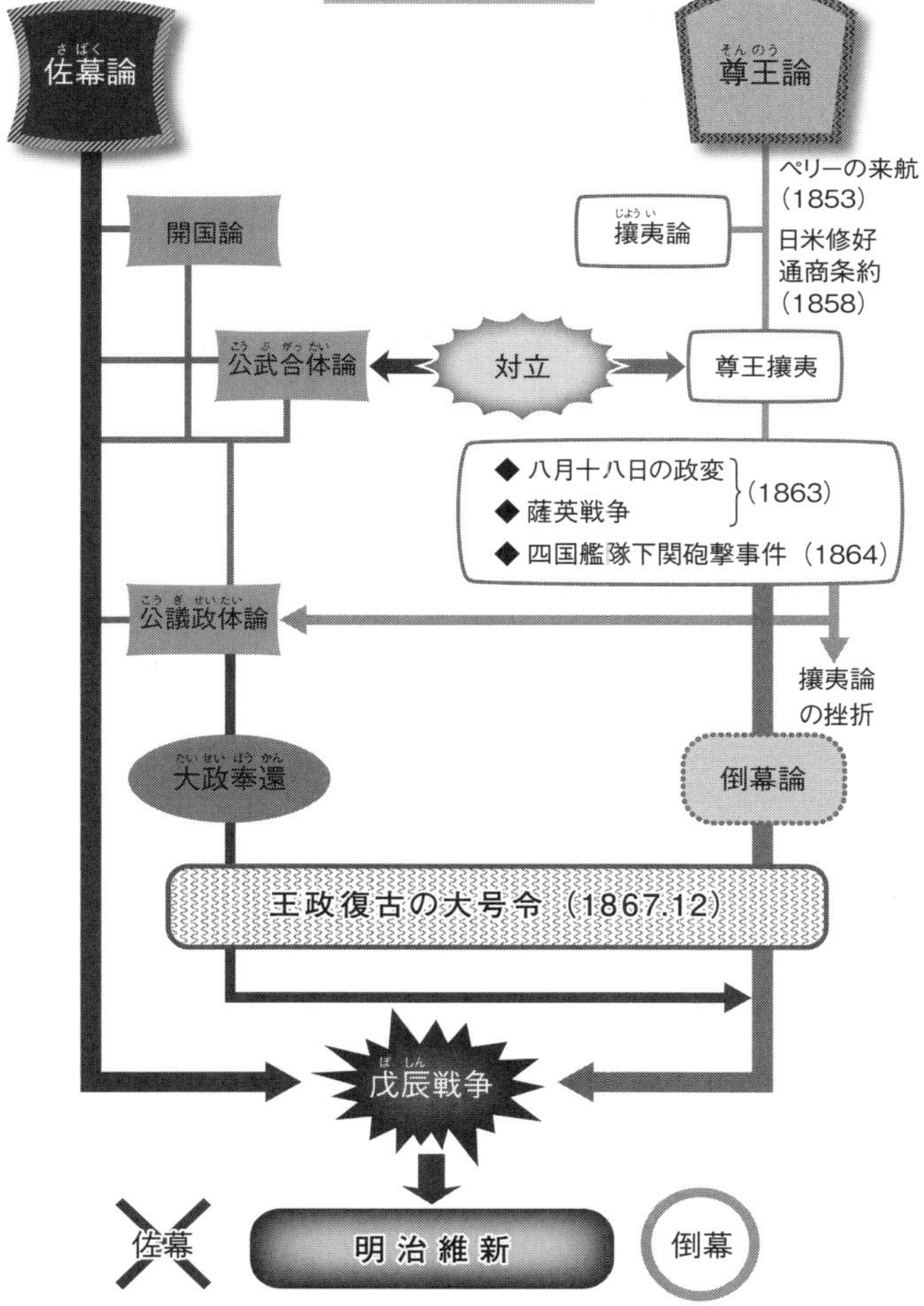

佐幕《さばく》論
尊王《そんのう》論
ペリーの来航（1853）
攘夷《じょうい》論
日米修好通商条約（1858）
開国論
公武合体《こうぶがったい》論
対立
尊王攘夷
◆八月十八日の政変
◆薩英戦争
（1863）
◆四国艦隊下関砲撃事件（1864）
公議政体《こうぎせいたい》論
攘夷論の挫折
大政奉還《たいせいほうかん》
倒幕論
王政復古の大号令（1867.12）
戊辰《ぼしん》戦争
佐幕
明治維新
倒幕

長州征討は諸藩の連合によって実施されましたが、その参謀を務めたのは薩摩藩の西郷隆盛でした。そこには幕府側の、薩摩藩の力を削《そ》ごうという意図もあったと考えられます。

征討を受けた長州では、一時恭順派が主流となるも、その後すぐに高杉晋作、木戸孝允《たかよし》らにより、倒幕派が勢力を増していきました。

勝海舟は志士にどんな影響を与えたか

土佐藩出身で大活躍したのが、坂本龍馬です。龍馬は1853年、19歳のときに剣術修行のため、江戸の道場に入門します。同年のペリー来航時に品川の沿岸警備に動員された龍馬は強く攘夷思想を抱き、兵学者・佐久間象山の門下に入りました。

その約10年後、龍馬は当時開国派の筆頭とされていた勝海舟を訪ねます。このとき、龍馬は勝を斬るために行ったともいわれていますが、松平春嶽の紹介状により訪問したともいわれ、殺害の意図はなかったとも見られています。

とにもかくにも、**龍馬はここで勝の語った国防論や国の展望、そして勝の人物の大きさにすっかり惚れ込み、その場で弟子入りを志願した**のでした。龍馬は勝の海軍操練所に同行し、そこに併設された勝の私塾に入門して、海軍の修行に励んでいきます。

もう一人、勝に出会って心底彼に惚れた人物がいます。その人物こそ西郷隆盛でした。西郷は第1次長州征討後の1864年に、龍馬の仲介で勝に会います。長州征討に対する本音を聞き出すためで、西郷はこのとき、幕臣の勝を非難するつもりでいました。ところが勝は幕府批判を臆せず行い、日本の存続のために何をすべきかを語ったのです。勝は、幕府の存続が必ずしも日本の未来のためになるとは思っていなかったわけです。

こうした**勝の大局的な視点と知略に、西郷は強く惹かれます。**そして、勝が示唆するように、倒すべきは長州ではなく幕府なのかもしれない、長州を討ったら幕府の力が復活しかねない、と考えるに至ります。

のちに幕府から第2次長州征討の要請があった際、西郷は、幼なじみで公武合体運動の同志でもあった大久保利通とともに、大義なき戦いであるとして拒否しています。

龍馬は宿敵の薩長をどうやって結びつけたのか

当時、幕府のあり方を変えるために、諸侯や学者、そして幕臣などからも「公議政体論」の構想が主張され始めていました。勝からこの構想を聞いていた龍馬も、これを理想と考えます。公議政体論とは、ヨーロッパの議会を参考にしたもので、保守派を幕府、野党側を薩長などの雄藩が担う、いわゆる二大政党制をイメージしたものでした。

1866年、龍馬はこの構想を実現すべく、**薩長が手を組む「薩長同盟」締結を実現させます。**薩長は、ともに、西欧列強の軍事力を目の当たりにして攘夷路線を諦めたという、共通の過去をもっていました。とはいえ両者は、蛤御門の変や長州征討でやり合ったことから宿敵同士。そこで龍馬は、ちょっとした策をめぐらしたのです。

蛤御門の変以降、朝敵となった長州は、武器購入を禁じられていました。当時、武器の購入には幕府の許可が必要だったのです。そのため、倒幕しようにも戦えず、他藩から攻められればお終いという状況で、長州は何とかして武器を入手したいと考えていました。

一方、薩摩藩では兵糧米が不足していました。薩摩はイギリスから武器を購入しており、購入ルートをもっている。対して、長州では米が余っている。そこで**龍馬は、薩摩藩には薩摩藩名義で長州藩の軍艦や武器を購入することを、長州藩には薩摩藩に米を提供することを求め、和解を提案した**のです。こうして薩長は、同盟を組むに至ったのでした。

こうしたなか、同1866年、公武合体派の孝明天皇が36歳の若さで急死します。死因は天然痘ともいわれていますが、不審な点も多いことから、倒幕派による暗殺だったのではないかともいわれています。

英仏は日本をどうしようと考えていたのか

薩摩藩と武器の売買を通してつながっていたイギリスは、薩長連合のバックにつくようになります。当時の**イギリスの狙いは、日本での貿易を占拠することにありました。**この時点ではまだ、領土を奪おうとまでは考えていなかったのです。日本に手を出せば、ロシアとの戦争を覚悟しなければならなくなるからです。

日本はすでにこのとき、列強と不平等条約を結んでいましたが、まだ領土を奪われてはいませんでした。したがって、自分の力で自分の国をしっかり保っていてくれさえすればいい——それが、イギリスの考えでした。それなのに、今のトップである江戸幕府はすでに国内での信頼を失っている。そこでイギリスは、幕府は日本を統治するには力不足かもしれないと判断し、活気にあふれた薩長についたのです。

一方、幕府のバックについたのがフランスです。フランスは、日本に対して出遅れましたから、これはもちろんイギリスに対抗してという面が強いといえます。フランスのアジアにおける植民地はベトナムとカンボジアくらいでしたから、遅れを取り戻すことが可能かもしれない、という意識はあったかもしれません。ただし、フランスはイギリスやロシア以上に、極東の日本で列強と戦火を構えるなどという選択はしなかったことでしょう。

当時、イギリスもフランスも、日本での影響力拡大のため、武器を無償援助するということくらいはやったと思われます。でも、幕府も薩長もきちんと購入していました。タダより怖いものはない。当時の日本は、そうした点をわきまえていたといってよいでしょう。

幕末、幕府は尊攘運動に押されつづけました。権力を握っている者が攘夷を実行する、やるだけなら簡単です。列強に全面戦争を宣言すればいいだけです。一時的には、国内でものすごい熱狂も巻き起こるでしょう。でも敗北必至で、どこまで転落していくかわかりません。もちろん幕府はそんな愚行には走りませんでした。

戦争を避ける路線をとりつづけた結果、幕府の権威と権力は深く傷ついていきます。どこかで幕府は、「そろそろ限界だな。もうバトンタッチしないと……」といった発想も、もち始めていたのではないでしょうか。270年近くも走ってきた政権です。しかも、対立した勢力（薩長）もまた武士、支配身分に属する相手でした。これがヨーロッパのように貴族対都市民・農民といった構図だったら、話はそう簡単ではなかったことでしょう。

こうして**江戸幕府は、あたかもバトンを渡すかのように権力を手放していく**のです。

第4章　敗者の理性と勝者の興亡

近代

幕末〜明治時代　敗者の理性に支えられた革命

幕府軍はなぜ負けたのか

歴史は基本的に勝者によって語られるものです。高校の歴史教科書も、分厚くても四百数十ページほど。流れを押さえようと思ったら勝者を見ていくしかないのです。

でもその裏には、勝者をはるかに超える数の敗者がいます。敗者は格好いいものではありません。**しかし、明治維新という革命については「敗者の理性」に注目すると非常に理解しやすい。まさに「敗者によって支えられた革命」だといえるのです。**

江戸城攻防戦の可能性もありえたなかでの、無血開城という選択。この英断がなければ、日本は列国の介入を招き、植民地に転落していたことでしょう。

維新の少し前のところから、流れを追ってみたいと思います。

まず1867年10月3日、土佐藩の山内豊信《とよしげ》（容堂《ようどう》）が坂本龍馬とともに企図していた「公議政体論」に基づく国家構想を上申します。この構想はヨーロッパの議会を参考に、与党側を徳川氏、野党側を薩摩藩や長州藩が担う、一種の二大政党制をイメージしたものでした。徳川氏を中心とする列藩会議を議会のように扱うことで、幕府側の権力も温存しようとするものでした。したがって、十五代将軍徳川慶喜《よしのぶ》もこれを受け入れます。これに伴い、10月14日、**幕府は鎌倉時代以来、武士が保持していた政権を「朝廷に返上」しました。**これが京都二条城での**「大政奉還」**です。

とはいえ朝廷は、長いこと実質的な政治運営から離れています。政権を返されたところで運営は難しいだろう。だから実権は自分が握れるはずだ——慶喜にはそんな目算もあったのです。

ところが、前年6月の幕府による第二次長州征討が失敗して以来、薩長は武力倒幕の決意を固めていました。12月9日、公議政体論に基づく大政奉還路線の実効が生じる直前、徳川氏を排除した新政府の樹立を宣言するというクーデタを敢行したのです（王政復古の大号令）。ここに、朝廷をトップに戴《いただ》いた、薩長土肥などを中心とする雄藩連合政権が誕生することとなりました。

さらに同日夜、新政府の公家・岩倉具視《ともみ》らは慶喜に、内大臣の辞退と領地の一部返上を要求します。これは、２７０年近く続いた江戸幕府を担ってきたプライドを捨てたばかりの慶喜には大変な屈辱であり、受け入れがたいものでした。それでも彼はこの要求を呑《の》みます。これが敗者の理性です。

しかし、幕臣や、幕末に慶喜とともにあった佐幕派の会津藩、桑名藩の人々は腹の虫がおさまりません。年を越して干支《えと》が戊辰《ぼしん》となった1868年の1月3日、京都を主戦場とする鳥羽・伏見の戦いが勃発します。かくして旧幕府勢力と、それを壊滅させようとする新政府軍の戦い（戊辰戦争）が始まったのでした。

新政府軍は、岩倉具視の指示により官軍の証《あかし》である「錦の御旗《みはた》」を翻し、これまでに買いためてきた近代兵器で圧倒します。兵の数では3倍も多かった（旧幕府軍＝約1万5千名、新政府軍＝約5千名）旧幕府軍は敗れます。

大坂城にいた慶喜は1月6日に城を抜け出して海路江戸へと向かい、たちまち恭順の意を示すのでした。上野寛永寺の塔頭《たっちゅう》大慈院にて謹慎生活に入ると、後事をすべて幕臣の一人、勝海舟に任せます。

やがて、新政府軍が慶喜を追って江戸に着きます。江戸城総攻撃はもう目前です。戦いを翌日に控えた1868年3月13～14日、新政府軍参謀の西郷隆盛は、幕府側の処遇や軍備品に関する条件を決めるため、勝との交渉に臨みました。

そのなかで問題となったのは「慶喜を備前藩に預ける」という西郷の要求でした。当時の備前藩主は慶喜の弟の池田茂政《もちまさ》でしたが、こんな要求を呑んだら幕臣たちは暴動を起こし、骨になるまで戦うだろう。そうなれば列国に介入を許すも同然となる――そう考えた勝は西郷に、「もし、島津公が今の慶喜公と同じ立場だったら、あなたは同じ処遇ができるか」と問いかけます。島津公とは、王政復古の大号令にも貢献した、第十二代薩摩藩主・島津忠義のことです。

勝が考えていたのは、多くの人の命が無駄に奪われ、列国の介入を許すという最悪の事態を避けること、ただ一点でした。**「慶喜に対する条件を取り下げるなら、江戸城を明け渡す」**と申し出ます。

これに深く感銘を受けた西郷はその条件を取り下げ、4月11日の江戸（無血）開城へと至ったのです。**勝という敗者の理性に、勝者の西郷が呼応したのでした。**

戊辰戦争のその後の展開を追ってみましょう。慶喜の大坂城脱出に随行した会津藩主・松平容保《かたもり》は佐幕派で、京都守護職でもありました。彼もまた謹慎し、藩主の座を辞して新政府軍に帰順を嘆願しますが、叶いませんでした。

それを冷酷とした仙台藩と米沢藩は5月、東北25藩、越後6藩と奥羽越列藩同盟を結成して新政府軍に戦いを挑むも、8月には敗退します。会津藩は、白虎隊などの少年兵部隊も組織して会津若松城に籠城《ろうじょう》し、最後まで抗戦しますが、9月22日に降伏しました（会津戦争）。

その後、旧幕府軍の残存兵力は会津を離れ、仙台で榎本武揚と合流し、蝦夷地（北海道）へ向かいます。箱館五稜郭に立てこもったりして抵抗するも、1869年5月に降伏（箱館戦争）。こうして戊辰戦争は終結し、名実ともに、明治新政府が樹立されたのです。

なお、徳川家は慶喜の遠縁にあたる田安亀之助を徳川家達《いえさと》とすることで存続を許され、駿河、遠江、三河の三国を与えられ、静岡藩として1868年5月に再出発しています。

幕臣たちは新政府でどんな役割を果たしたか

新政府のスタートとともに多くの旧幕臣たちは、新政府の下吏となる、農民あるいは商人となる、静岡藩の徳川家に安い俸給で奉公するなど、茨《いばら》の道を歩みました。ただし渋沢栄一、前島密《ひそか》など優秀な人材は新政府の要職に就き、福沢諭吉は民間で活躍していきます。勝海舟は爵位を授けられはしましたが、要職は辞退し、慶喜の息子を養子にとるなど、最後まで徳川家を支える道を選びました。

一方、**戊辰戦争最大の功労者の西郷は、新政府の中心人物となりました。**しかしまもなく、政府内の「征韓論」をめぐる論争に巻き込まれていきます。

新政府は戊辰戦争が終結するとすぐ、かねて日本と国交のあった朝鮮（李朝）に新政府樹立を通告します。条約に基づいた近代的国際関係を、築くように求める国書を送ったのです。ところが、朝鮮（李朝）は急な西洋化を進める新政府を警戒し、受け取りを拒否しました。

征韓論とは、こうして「鎖国」状態を続ける朝鮮を武力で開国させ、勢力を拡大しようというものでした。新政府メンバーのなかで、西郷、江藤新平、板垣退助たちは「征韓派」でしたが、**岩倉使節団として海外視察に出ていた大久保利通、岩倉具視、伊藤博文たちは帰国後、出兵よりも国内政治を優先すべきだと主張します。**

結局は征韓派が敗れ、下野。西郷は故郷の鹿児島に戻ります。1873年のことで、「明治六年の政変」と呼ばれています。

西南戦争の背景はどんなものか

新政府は、旧来の身分秩序を廃して四民平等にし、近代的な「国民」をつくっていくことを目指しました。その結果、士族（旧武士）は「廃刀令」で刀を奪われ、「秩禄処分《ちつろく》」で秩禄（俸給）が廃止されるなど、多くの特権を奪われていったのです。

不満が募った士族により、多くの反乱が起こりました。ただ、これらが起こったのは西日本、九州地方が中心です。そこには、薩長土肥の下級武士たちの**「俺たちは血を流して倒幕を成功させた。それなのに、なぜ敗者のように扱われなきゃならないんだ」**という怒りがありました。

下野した西郷は、士族たちの思いを受け止めました。そして1877年、旧薩摩藩士ら約1万3千人を擁する大軍の指導者として鹿児島で挙兵し、すでに明治政府のものになっていた熊本城に迫るのです。これが世にいう西南戦争です。士族反乱の最大級のもので、まさに反革命でした。

やがて政府に鎮圧され、西郷は自害します。士族の武力抵抗はこれをもって収束していきました。

西郷は負け戦《いくさ》を覚悟していたことでしょう。なぜなら、不平士族の要求を叶える体制にすることは、もう一度江戸時代に戻ることにほかならない。それでは未来がない。それは、維新を推進した西郷が最もよく理解していたはずです。

西郷は、いかに穏便に士族たちの不満のガス抜きをするかを考えていました。彼の主張した征韓論には、士族の不満を解消する意図もあったからです。

実は、西南戦争の前年に、福岡県で起こった秋月《あきづき》の乱や、山口県で起こった前原一誠《まえばらいっせい》の反乱も、西郷の支持を前提として起こっていたものでした。「西郷なら、俺たちの怒りをわかってくれる」という思いが、士族にはあったからです。

この頃、日本史上初めて土地の私的所有権を確立させるべく、地租改正事業が全国展開されていました。明治新政府にしてみれば安定した財源確保のためでしたが、反対する大規模な一揆が日本中で勃発していました。新政府はこの対応に追われていましたから、もし西南戦争があと一年早く起きていたら、おそらく崩壊していたことでしょう。

実は西南戦争は、一揆に押された新政府がやむなく地租を下げ、沈静化したところで起こっているのです。まさに、政府側の苦境を慮《おもんぱか》ったかのようなタイミング。これもまた、敗者の理性とはいえないでしょうか。

勝者であったはずが、死への道を選択せざるを得なかった西郷は、新政府により逆臣と貶《おとし》められます。その名誉回復に一番奔走したのは、あの勝海舟でした。その甲斐もあり、西南戦争の約20年後、上野に西郷の銅像が建つこととなったのです。

明治時代　「勝者」新政府の抱える問題

新政府はいかにして全国政権となったか

さて、勝者だった新政府に目を転じてみましょう。こちらはこちらで大変でした。まず、新たな政治体制の確立が急務です。新政府は、王政復古の大号令を出した瞬間から新たな官制（太政官制）を模索し、混乱のさなかで改廃を繰り返します。政治組織の集権化を目指しつつ、最終的に、太政官の下に正院、左院、右院の3院を設置する形に決定。要職には、薩長土肥4藩出身の実力者が就きました。

そして1869年、戊辰戦争が終わった直後に「版籍奉還」を行います。江戸時代の幕藩体制における諸藩大名は、今の都道府県知事に比べると、はるかに「キング」に近いものでした。一番大きな違いは、徴税権を持っていたこと。土地調査は藩ごとに行われ、財政基盤や法律も藩によって異なっていました。つまり**新政府は、戊辰戦争が終了した段階では、旧江戸幕府の遺産と直轄地を手に入れたとはいえ、まだ一地方政権**

にすぎなかったのです。

そこで、全国の「ミニキング」たちをつぶすために、領地（版）と領民（籍）を天皇に返上する版籍奉還を行ったのです。ただ、この時点ではまだ、旧大名に知藩事《ちはんじ》（地方長官）として藩政にあたらせており、形式上の改革にとどまっていました。

その2年後の1871年の明治4年に、**ほとんどクーデタのようなやり方で行ったのが「廃藩置県」です。**

1868年の時点ですでに江戸は、大久保の提案により「東京」と改称されていました。政府は城下町の旧武士たちと連携が取れないよう、まず全国の旧大名を東京に招集します。そこで廃藩の詔勅を読み上げ、彼らに東京への移住を命じたのです。そして、新たに「県」を置き、「府知事・県令」を任命、派遣することを決めたのです。これにより、新政府はやっと全国政権になりました。

不当に権力を奪われて、旧大名たちは抵抗しなかったのでしょうか。これが意外にもスムーズに行われたのです。もちろん、彼らに不満はあったでしょうが、その背景には次のような二つの事情が考えられます。

一つは、武士が江戸時代から知識人だったということ。旧大名が不満を述べても、「もう、あなたたちの時代じゃありませんよ」という具合に、家臣が諫《いさ》めたケースもありました。武士たちの多くは、自分たちに存在意義がなくなってきたことを感じ取り、状況がよく見えていました。

もう一つは、江戸時代とは、支配身分である武士がどんどん貧しくなっていく時代だったということ。藩のほとんどの財政は「火の車」でした。それなのに百姓一揆は起こるし、統治の責任を負わねばならない。実は、行政の重圧から解放されて喜んだ大名も、かなりいたのです。

留守政府のやったことは何か

さて、新政府が本当に大変なのはここからでした。廃藩置県の直後、1871年の年末に、主要メンバーの岩倉、大久保、伊藤、木戸孝允《たかよし》が岩倉使節団として海外視察に出てしまったからです。

この間日本に残った主要メンバーは西郷、板垣、大隈重信などで、彼らが主導したのは留守政府と呼ばれています。これは日本のプロ野球でいえば、選手が9人ちょうどしかいないのに、5人がFA宣言して2年間メジャーリーグに出て行ってしまい、4人だけで戦っているような状態。とはいえ、当時の日本にはやることが山のようにありました。

まず、**金融面では貨幣単位を統一しなければなりません。**アメリカをモデルにした国立銀行条例は、すでに制定されていました。国立銀行の発行する国立銀行券に、当時の正貨である金との兌換《だかん》（交換）を義務づけるものです。国立銀行といっても、紙幣発行権をもつ民間銀行のことです。民間の経済力を活用することで、兌換制度の確立と近代的銀行制度の導入を目指す意図がありました。しかし、国立銀行券は信用が得られず、兌換制度は確立しませんでした。

また、**税制面では地租改正条例を公布しました。**前項で触れたように、地租改正は安定した財源確保を目的としていました。そのため、課税基準をそれまでの石高（米の収穫量）から地価へ、課税方法を現物納（米）から金納へと変更します。税率は、豊凶にかかわらず地価の3％としました。

また税負担者を、耕作者から土地所有者に変更します。地租改正は、単に税制を改変するだけでなく、近代的な土地所有権を確立することも目的としていたのです。ただ、各地で地租改正反対の一揆が起こることとなりました。

一方、**教育面では1872年に「学制」を公布します。**これはフランスの学区制などに学んで、全国をきっちり均等割にして国民皆学を目指したものですが、あまりに地方の特性を考えず、画一的すぎたために失敗。7年後に、アメリカをモデルとする「教育令」が公布され、すべてを地方の自由化教育に委ねますが、今度はあまりに自由主義的性格が強く、現場の混乱を招くことになります。

そして**軍事面においては、徴兵制による軍隊が創設されます。**近代国家とは、徴兵制と密接不可分なものだといえます。近代国家は、長い間戦争を是《ぜ》としてきました。そのうえ徴兵制には、戦争と国民をただちに結びつけ、戦争をしやすくさせるはたらきがありました。

たとえば江戸時代のように、武士だけが戦闘にかり出されるなら、それは武士身分の人だけの問題。また傭兵制であれば、あくまでその人が勝手に行ったのだという認識になる。しかし、国民の義務として徴兵が存在する場合、範囲が国民全体に広がりますから、必然的にかなり大きな興味と関心が集まることになります。つまり、簡単に国民的熱狂を生み出しやすくなるんですね。

明治維新は「武士の革命」であり、武士が自らその特権を手放していった革命だということもできます。実は、その背景には、彼らが西洋列強の戦い方を目の当たりにし、これは自分たちだけで軍備を担うのは無理だと悟ったという事情もありました。できる限り多数の精強な「戦争人」をそろえなければ、もう太刀打ちできないと考えていたのです。

かくして、徴兵制が敷かれるわけですが、徴兵は納税と違い、命を差し出せという義務ですから、そう簡単に浸透させられるものではありません。そこで、少しずつ、じわじわと導入していくことになります。少し先のほうまで、流れを追ってみましょう。

まず、はじめはかなり多くの免役規定を入れました。たとえば、戸主や長男（嗣子）、養子は除かれました。戸主の権限が強い家制度には手を出さないことで、社会の反発を抑えようとしたのです。

以後、免疫規定は着々と減らされ、1889年の大日本帝国憲法制定にともなって、国民皆兵の原則が実現していくことになります。ちなみに、このとき選挙権も付与されました。命の重さの見返りとして権利も与えなければ、いずれ国民は納得しなくなる。命を奪う戦争への決断が、密室で行われたのではなく、「あなた方自身が選んだ代表による決断ですよ。つまり、あなたの決断でもあるのですよ」といえるシステムが必要だったのです。

このときの選挙権は、納税額による条件付きのものではありましたが、これをきっかけに普通選挙実現を求める運動がさかんになり、比較的速いスピードで男性普通選挙が実現します（1925年）。

女性に選挙権が付与されなかったのも、男尊女卑だったからというわけではなく、女性に兵役がなかったことが関係しています。**女性参政権が認められたのは、1945年の敗戦で、陸海軍が解体された直後のことになります。**

海外視察で「発見」されたものは何か

さて、一方で、岩倉使節団のメンバーたちはどんな動きをしていたのでしょうか。

使節団の目的は主に三つありました。一つ目が、条約締結国の元首に国書を渡すこと。二つ目が、江戸時代に締結した不平等条約を改正するための、予備交渉を行うこと。三つ目が、欧米諸国の産業や社会のしくみを学ぶことです。

二つ目について、少しおさらいしておきましょう。不平等条約を押しつけられていた当時の日本は、主権の一部を奪われた状態でした。西洋列強と対等の独立国家となるためには、この条約を改正していく必要があったのです。

具体的には、**片務的最恵国待遇の撤廃**（一方的な最恵国待遇を、相互に認め合うものに改める）、**税権回復**（協定関税制を廃止して関税自主権を回復する）、**法権回復**（領事裁判権と居留地の廃止）、の3点の改正になります。

幕末のところでもお話ししましたが、**不平等条約はいわば「発見された」もの**でした。近代国家についての理解が深まることによって、人々は「あ、これは不平等だったんだ！」と気づくようになったわけです。

横浜港を出発した使節団はまず、約2カ月かけてアメリカに到着しました。すると、行く先々で歓待されたため、彼らははじめ、条約の改正交渉は簡単なのではと考えます。

ところが、アメリカ政府代表として現れた国務長官ハミルトン・フィッシュに会った途端、その期待はガラガラと崩れ落ちます。のっけから先方に、「全権委任状」（国家間で条約締結等を行う場合に携行する、元首発行の委任状）の提示を求められたからです。しかし、そのような近代的国際ルールは、使節団メンバーの誰も理解していませんでした。

そこで急遽、大久保と伊藤が、船で日本に全権委任状を取りに戻ることになりました。この間、残った岩倉は交渉を試みますが、アメリカ側に、当時の日本に法制度が整っていなかったことを理由に拒否されてしまいます。大久保と伊藤が往復4カ月もかけて持ってきた全権委任状の甲斐なく、**不平等条約の改正は失敗に終わりました。**

その後、使節団はヨーロッパへ渡って西欧諸国12カ国を見て回り、近代的な工場の数々を目にします。使節団の帰国後、日本で**殖産興業**政策がとられたのはそのためです。お雇い外国人の指導のもと、殖産興業を担当する中央官庁として「工部省」が設置され、初代工部卿には伊藤博文が就きました。また、地方行政、警察、土木、戸籍など内政全体を担当する中央官庁として「内務省」も設置され、初代内務卿には大久保利通が就きました。

そしてこの頃から、最近世界遺産にもなった富岡製糸場をはじめ、多くの官営工場がつくられていくことになります。

日本の国境はいつ定まったのか

政府は、近隣諸国との関係を整理し、**国境と領土を明確化する**という作業にも取り組みました。アジアにおける伝統（冊封《さくほう》体制）と、近代国家における原則との間には、大きなギャップがあったからです。これをクリアしなければ、近代国家として認めてもらえないという焦りがありました。

まず、1871年に中国と日清修好条規を締結します。これは、日本にとっての最初の対等条約でしたが、領事裁判権と協定関税制を相互に認めあう変則的な内容になっていました。また、日本政府内には、欧米列国と同様の特権を獲得すべきだという批判があり、日清修好条規の批准は1873年にずれこみました。

また1875年、日本艦の雲揚《うんよう》が江華島付近で朝鮮（李朝）側を挑発し、先方からの砲撃に応戦したことから江華島事件が発生すると、これを好機と「日朝修好条規」を調印します。これは日本が朝鮮に押しつけた不平等条約で、朝鮮を独立国と見なすことで、**清の主張する宗主権を朝鮮に否定させようとするもの**でした。

さらに、日中両属状態にあった**琉球の領土化**にも着手します。琉球藩を置いたり、これを廃藩して沖縄県を設置したりしましたが、難航しました。最終的な解決は、1895年の日清戦争での日本の勝利を待つことになります。

一方、かつて「日露和親条約」にて国境を定めず、日露両国人雑居の地となっていた樺太は、1875年に**「樺太・千島交換条約」**を締結することで、**樺太全島がロシア領、ウルップ島以北の千島列島が日本領となりました。**

なお、日本は翌1876年には**小笠原諸島の領有を各国に通告しています。**アメリカ、イギリスから異議も出なかったため、同地は日本のものとされました。

政治運動と政党の萌芽

自由民権運動はなぜ熱く燃え上がったのか

新しい政府を少なからず支えていたのは江戸幕府の遺産、つまり旧幕臣たちでした。**当時、西洋の知識を最も吸収していたのは江戸幕府だったからです。**日本最初の近代的啓蒙思想団体として有名な「明六社《めいろくしゃ》」のメンバーも、ほとんどが旧幕臣です。福沢諭吉、中村正直、西周《にしあまね》、加藤弘之などがそれにあたり、彼らは洋学を通して近代思想の普及に努めました。その一つに、「基本的人権は天から与えられたもの」とする「天賦人権論」があり、国民の間にも広く浸透していきました。

征韓論をめぐって国論が割れ、官僚など600人が職を辞した「明治六年の政変」で下野していた板垣退助や江藤新平たちは、こうした流れを受けて、翌1874年、「民撰議院設立の建白書」を太政官左院に提出します。これは国民の選挙による議会（国会）を開設し、立憲体制を整えるよう求めたもので、武力ではなく言論により、藩閥政府的状態から抜けきっていない政府を攻撃したのです。

とはいえ、政府側も、議会をつくる必要性は十分理解していました。何しろ、岩倉使節団として海外の状況を直接見ていますからね。国のお金で日常的にお雇い外国人と接し、わからないことを常に相談できる条件が整っているのも政府側です。ただ、議会をつくれば自分たちの立場が安泰ではなくなってしまう。少しでもゆっくり体制を整えたいというのが、彼らの本音でした。一方、民権運動側は自分たちが一刻も早く権力を握りたいので、政権交代もありうる議会を早くつくりたい。つまり、**自由民権運動とは一種の権力奪取闘争だった**のです。

建白書によって国会開設に関する議論が活発化すると、政府内にも大隈重信のように、「早くつくるべきだ」と主張する人物が現れ、「ゆっくりつくりたい派」の伊藤博文らと対立します。対立は深刻となりますが、ここで事件が起こります。北海道開拓使長官の黒田清隆が、官営事業を同郷の薩摩の政商・五代友厚《ごだいともあつ》らに、破格の条件で払い下げようとした「開拓使官有物払下げ事件」です。発覚するとただちに、国会開設を求める声がヒートアップするようになりました。民権派は攻撃を強め、大隈も非難します。

しかたなく政府は、「国会開設の勅諭」を発して1890年の開設を公約しますが、同時に大隈を、民権派の動きと関係があるとみて罷免《ひめん》してしまいます。1881年のことで、これは「明治十四年の政変」と呼ばれています。

政党はいつ生まれたか

板垣たちは、1874年に建白書を提出する際に、**愛国公党という日本初の政党を結成**しています。メンバーには征韓論争に敗れた、板垣、江藤、副島種臣《そえじまたねおみ》、後藤象二郎のほか、岩倉使節団に随行した由利公正《きみまさ》や、イギリスに留学していた古沢滋らがおり、彼らが政党というもののしくみを見聞きしていたことが、結成のヒントになりました。

また、同年に板垣は、郷里の土佐で**立志社**という政社（政治結社）も結成します。これを機に全国で政社が結成されるようになると、翌1875年には、大阪でこれら政社の代表を集め、**愛国社**という政社の結成を宣言します。愛国社は、のちに豪農商層が加わって活動を本格化させ、1880年には**「国会期成同盟」**に発展。全国規模で国会開設の請願を開始し、高まる民権運動の中核的存在となりました。国会開設の勅諭を機に、政府内でも憲法制定が志向されましたが、国会期成同盟でも多くの憲法私案が作成されました。

その後、1881年に板垣らは**自由党**を結成し、国会期成同盟もここに合流します。翌

1882年には、大隈たちが**立憲改進党**を、ジャーナリストの福地源一郎が**立憲帝政党**を結成するなど、日本における政党は、1880年代に夜明けを迎えることとなります。政党とは、全国規模で活動することを目指して政社が復活したものと考えられています。

自由民権運動は、1877年の西南戦争を経たあたりから、ますます言論による政府批判を強めていきました。この間、政府側も何も手を打たなかったわけではありません。まず、大久保が板垣らと会談し、地方官会議などを開催する代わりに、議会は「ゆっくりつくっていく」という合意を取りつけました。こうした妥協策を講じる一方、讒謗律《ざんぼうりつ》（名誉毀損罪《きそんざい》）や新聞紙条例など、政府批判に対する弾圧立法も制定していきます

そうしたさなか、1878年に、大久保は不平士族によって暗殺されてしまいます。同郷の西郷を討ったことや、議会がなかなか開設されないことへの不満がその理由でした。ただ、実際には大久保は、心を鬼にして西南戦争を鎮圧していたのであり、西郷の死を悲しんでいました。西郷は、大久保が政府内に残っていたからこそ、彼に後事《こうじ》を託して下野できたのかもしれませんし、大久保にしても、西郷の本心は理解していたのではないでしょうか。大久保は、公共事業費の不足を私財で賄《まかな》い、個人的に借金までしていました。大久保の志を知っていた債権者たちは、誰も遺族にその請求をしなかったといいます。

大日本帝国憲法体制

大日本帝国憲法は天皇に力を与えたのか

政府は1881年に国会開設の勅諭を出し、1890年の国会開設を公約しました。天皇の名前で国民に約束している手前、これは何としても実現するしかありません。国会開設のためには憲法も必要となるため、その準備も急いで進められました。

1882年に渡欧した伊藤博文は、ドイツの法律家のグナイスト、シュタインらからドイツ流憲法理論を学びます。日本はそれまで多くのことを、イギリスをモデルにして進めてきました。それなのにドイツを選んだ理由は、当時、ビスマルクが急速にドイツ（プロシア）を成長させていたからです。これをまね、自分たちも急成長しようと考えたわけです。

しかし、実際にドイツに渡って教えを請うても、伊藤らは「失敗するからやめておけ」と忠告されるばかり。ドイツ側に、西洋文明は優越しているという意識があったからです。

それでも何とか食らいついて憲法について学び取ったのち、伊藤は帰国します。

こうして、憲法実施に備えて諸制度も整え、1885年には、それまでの太政官制を廃して内閣制度を創設。伊藤博文は初代内閣総理大臣になります。閣僚10人中、旧薩長出身者が4人ずつを占める藩閥内閣でした。

そして1889年、大日本帝国憲法が公布されます。この憲法の大きな特徴の一つは、**形式上は天皇が絶対的存在に見えるものの、実質的には何の力も有していないことです**（朝廷と政府の間に一線を画す「宮中・府中の別」というルール）。この後の政治史においても、政局を決定づける存在として天皇の姿を見ることは、ほぼないのです。

大日本帝国憲法は何が問題だったのか

この憲法の最大の難点は、参謀本部、海軍軍令部、枢密院、内閣、衆議院・貴族院（帝国議会）、この六つのトップ機関が事実上すべて対等であり、おまけに**天皇にも権力がない**ことでした。つまり、**統合者がいない**のです。「権力の割拠性」といわれる問題です。

六つの機関がそれぞれ自分の考えで好き勝手に動く可能性があるので、六つの頭をもつ怪物と考えるとイメージしやすいかもしれません。最初の頃は、藩閥が統合の役割を担い、その後は元老と呼ばれて政界を引っ張っていました。しかし、元老の引退後は「権力の割拠性」が顕著になっていきます。

ちなみに、元老というのは正式なポスト名ではありません。ただ、周囲からそう呼ばれ、創業者の重みによってその存在感を発揮し、采配を振っていただけのことです。しかし、「創業者」は再生産できないものです。したがって、やがて代を追うごとに、政府は求心力を失っていくこととなりました。

一方、そうはいっても、この憲法がなしえたことも大きいのです。帝国議会、とりわけ衆議院がそれなりに大きな力を発揮し、しっかりと機能したからです。帝国議会は予算・法律を決定する権利を事実上握っていました。つまり、未来を規定できる権限をもっていた。そうなると実質的に政権は、その部署が握っていく側面が強くなっていくわけです。

なぜ国民の教育に力を注いだのか

議会と国民との関連を少し見ておきましょう。当時、明治政府が目指したのは、列強と同じ資本主義の社会でした。ということは、世界での激烈な競争に勝っていかなければならないということです。そんなときに自国民の知的水準が低かったら、競争になりません。

そこで政府は、国民の教育に力を注ぎます。江戸時代までは人々を教育するためのシステムを国家がつくるという発想はありませんでしたが、明治時代以降は猛スピードでつくっていきます。急速に就学率も上がって明治時代末期には98％以上に達し、立身出世熱も高まっていきました。

しかし、知的水準を高めるというのは、政府にとって諸刃の剣でもあるわけです。急速に国民の批判力や洞察力を高めていけば、モノ言う国民が生まれてしまう。それが権力に刃向かう方向にいくおそれもある。それが怖いので、ある範囲内であれば自由にしていいけれど、なるべく国家の意図どおりに動いてもらおうと考える。つまり、**知的に鍛えられた国民を、国家のつくった枠組みのなかにきちっと吸収できる壮大な装置が必要だった**わけです。帝国議会や官僚制も、そうしたものの一つとして機能するものでした。

発展途上国が先進国に追いつくために必要なものとして、もう一つ重要なものがありました。それが、資本主義社会には必須の資本家、つまりブルジョアジーの存在です。

政府はブルジョア階級を育てるため、１８７０年代につくった官営工場を、１８８０年代には次々と民間へ売却します。三井、三菱、古河など、政府とつながりの深い政商たちは、優先的にこれを受けました。こうして彼らは、のちの財閥へと成長していったのです。

明治政府の外交二本柱

どうやって条約改正を成し遂げたのか

明治政府の外交面での課題は、大きく分けると二つありました。条約改正と、国家の安全保障の問題です。

条約改正については、岩倉使節団がアメリカでの交渉に失敗したのち、何度もチャレンジが繰り返されますが、非常に難航しました。1878年には、外務卿（外交官）の寺島《てらしま》宗則《むねのり》が税権回復でアメリカの同意を得るも、イギリス・ドイツの反対にあい、失敗します。

1880年代、どうしても条約改正を成功させたかった政府は、まず条件を法権回復のみに絞ります。税権回復のように、経済的影響が即座に各国に現れるものでなければ、比較的交渉しやすいだろうと考えたからです。また、井上馨《かおる》や大隈重信など、維新を推進した重要人物にその任に当たらせることにしました。

ところが、当時の日本はまだ近代的な法治国家とはいえなかったため、これも難航します。井上は、領事裁判権撤廃の交換条件に、各級裁判所への外国人判事の導入を求められ、これに応じました。そもそも領事裁判権とは、日本国内にいる外国人に対しては日本の法ではなく、本国の外交官が法の適用にあたるというもの。しかし、各級裁判所に外国人判事を置くとなると、それは日本全体の裁判に影響を及ぼすことになります。

これにより、井上は「売国奴」のレッテルを貼られてしまいます。彼は、能力からすれば十分首相になれるクラスでしたが、一度も首相を経験することなく、その政治生命を終えることとなってしまいました。

1888年に、今度は大隈が単独で交渉に当たります。民権運動にも加わり、井上外交を攻撃してきた大隈は、外国人判事を置くところを大審院（最高裁判所にあたるもの）に限定するという条件を取りつけます。ところが、当時の大審院は下級審に口出しできる状態でしたから、実質はほぼ変わりませんでした。

また、大隈は国民に内容が知られぬよう、秘密裏に各国と交渉を進めていましたが、この内容をイギリスの『タイムズ』紙が暴露。内容を知った国民は、当然ながら「お前が真の売国奴じゃないか!?」と怒りました。大隈は右翼に爆弾を投げつけられ、右足を失う事態にもなりました。こうして交渉はまたも頓挫します。

ところが、１８９１年、ロシアがシベリア鉄道建設に着工した頃に転機がやってきます。当時はイギリスの帝国主義が全盛を迎え、アジアにも絶大な影響を及ぼしている時代でしたが、ロシアも、冬でも貿易可能となる不凍港を求め、アジアへの南下政策を進めていました。シベリア鉄道の建設もその一環であり、鉄道の完成は、アジアの覇権を狙うイギリスにとって脅威でした。

そこで**イギリスは、日本に独立した強国となってもらい、しっかり国防を担ってもらったほうがよいと考えるようになります。**こうしてイギリスの理解を得た政府は、いよいよ条約改正に向けて、ときの外相・青木周蔵を交渉に向かわせます。しかし、ロシア皇太子ニコライが、滋賀県大津で巡査の津田三蔵に襲われて負傷する事件（大津事件）が起こり、またも頓挫してしまいました。

ようやく１８９４年、外相・陸奥《むつ》宗光《むねみつ》が、片務的最恵国待遇の撤廃、法権回復、税権の一部回復を主旨とする「日英通商航海条約」に調印。陸奥は、龍馬をして「刀無しで生きていけるのは俺と陸奥だけだ」といわしめたほど、交渉力に長けた人物でした。これが、**日清戦争の2週間前**のことでした。そして、残る、完全なる税権回復は、大正時代が始まる前年の１９１１年まで待つこととなります。

こうして日本が対外的な独立を完全に果たしたのは、開国から半世紀もあとでした。条約改正交渉に、明治時代を丸々費やしたことになります。まさにマラソン交渉でした。

なぜ利益線が必要とされたのか

もう一つの課題だった、安全保障問題について見ていきましょう。

日本は、主権線（国境）の安全を確保するために、その外側に「利益線（日本の国土ではないけれど、日本が特別な権利を主張できるライン）を築くことが必要だ」という国防姿勢をとります。世界では、すでに陣取りゲームが始まっていました。シベリア鉄道が計画され、極東でのロシアの南下も危惧された時代に、主権線しかもっていなかったら、すぐに国土が奪われる危険がありました。だから、何としても利益線を築かなければならない、と考えたわけです。

日本の周りを見回したとき、**利益線の設定が可能なところは、どこからどう見ても朝鮮半島しかありませんでした。**当時の朝鮮（李朝）は、西洋列強の圧力に強くさらされているというわけではなく、中国の影響があるとはいえ、アジア的表現でいうところの属国、いわゆる宗主権を主張されているにすぎない状態でした。

大国との戦い

日清戦争はどのように準備されたか

　こうした流れのなかで、日本が最初に起こした利益線確保のための行動が、1875年の江華島事件（185頁）でした。当時の朝鮮はまだ李王朝で、なんと1392年から続いていた長期政権でした。いつ、どこの国であっても時代の末期には腐敗、頽廃ムードが蔓延するものです。当時の李王朝も、500年近くも続いたなかで政権は腐敗し、かなりの末期症状を呈していました。

　そんななか、**明治維新をモデルに、朝鮮の近代化を図ろう**と考える革命勢力の有力者として金玉均《きんぎょくきん》（独立党）が現れ、政権側の国王王妃・閔妃《びんひ》の抵抗勢力となっていきました。朝鮮に近づきたかった日本は、これに乗じようと考えます。金玉均に明治維新の武勇伝などを伝え、行動を促します。1884年、これに勇気を得た金玉均は、クーデタを起こしました（甲申《こうしん》事変）。

閔妃は清の軍隊に出動を要請したため、日本軍はここで清軍との対決を余儀なくされます。これは、**ほとんど日清戦争の前哨戦です。**実際の日清戦争は10年後でしたが、もしここで日清戦争が起きていたら、日本は敗北した可能性が高い。そして、最初の対外戦争である日清戦争に負けていたら、おそらくその後日本はまったく違うルートをたどったに違いなく、国の在り方も、現在とは程遠いものになっていたことでしょう。

この時点での日本と清の国力には、雲泥の差がありました。清はアヘン戦争以降、各国との戦争にことごとく負けていましたが、巨額の賠償金をすべて払えるほどの財力がありました。また、**1880年代前半のうちにドイツとイギリスから、最新鋭の海軍部隊となる北洋艦隊の主力である、装甲艦や巡洋艦を現金で買っています。**加えてその後、フランスの援助で得た福州船政局にて、自力で船舶の建造もしています。対して、日本の海軍力はまだまだ貧弱でした。

1885年、当時の清の最高指導者で西太后《せいたいごう》の信任も厚かった李鴻章《りこうしょう》と、日本側代表の伊藤博文は、甲申事変の事後処理に関する天津条約を結びます。

交渉の結果、日清両軍の撤兵で何とか合意しますが、そこにはある条件がつけられていました。「行文知照《こうぶんちしょう》」といわれる事前通告規定です。今後、朝鮮半島で大きな反乱が起きたときに出兵する際は、日清両軍どちらも「必ず事前に通告する」という決まりが設けられたのです。

実はこれは大変な規約でした。もし、清側が朝鮮に攻め入ったとしても、これまでなら「知らなかった」で済ませることもできました。事前通告の義務があれば、そうはいきません。通告されているのに日本が何もしなかったとしたら、それは「朝鮮半島に利益線を築きたいなんて考えて、すみませんでした。主権線の外に利益線を築くという外交路線は捨てます」と世界中に表明することと、なかばイコールです。当時の日本に、その選択肢はありませんでした。

つまり、この**「行文知照」の規定そのものが、「次は決着つけようぜ」という意味になる**わけです。戦争へのボタンは閔妃と李鴻章が握っており、もはや時間の問題という状態。

日本はここから長きにわたり、非常時にも似た状態に突入します。この時期に国家財政を担当した松方正義は「三大デフレ政策」で知られた人物で、**緊縮財政が徹底されましたが、軍事費だけは例外的に増強することを認めました。**清との戦争に備えないとどうにもならない、という事態に国家が陥ったためです。

日本の軍隊はなぜ強かったのか

1894年3月、日本に亡命していた金玉均が李鴻章に会うために上海に渡ると、そこに待ち構えていたのは閔妃の刺客でした。あっさり暗殺されてしまいます。**清と朝鮮の連携プレーに、日本側が翻弄された**形です。

その2カ月後の5月に、朝鮮で「甲午《こうご》農民戦争」という農民反乱が起きると、当然のように清は朝鮮政府の要請で出兵しました。日本も居留民保護の名目で直ちに出兵します。反乱が鎮圧されると、**朝鮮政府は日清両軍に撤兵を申し入れますが、両者どちらも退きません。**

ついに、日清戦争が勃発します。

先にも触れたように、日本は日清戦争開戦の2週間前に、イギリスとの間で日英通商航海条約を結んでいました。イギリスと親しい関係になったことが、この戦争へと日本を後押ししたのです。

さて、当時の李鴻章の軍隊は傭兵部隊。そもそもみんな、「おい、三食給与付きらしいぜ、ええやん、これ」みたいなノリで参加していて、戦場で死のうなんてつゆほども思っていない。「この世にはいろんなバカがいるが、戦場で死ぬやつほどバカなやつはない」というのが、当時の彼らの感覚でした。

対して、日本は徴兵された部隊でした。**徴兵制軍隊というのは、仮に本人の気持ちが弱くても、なかなか裏切れない**のが現実なのです。徴兵には、国の期待を背負ってしまう性質があるからです。オリンピック出場選手は、国の期待を一身に背負って出陣していきますよね。戦争における兵士のおかれた状況とは、イメージとしては、20年分のオリンピックとワールドカップが一緒にやってきたみたいな状態です。新聞では地方欄が拡大されて、村から兵として出ていったある青年の壮行式の模様が報道され、出征後も、一日の動きが取材されて記事になる。国民もみな、それを読みたがる。

そんな状況ですから、戦場で出撃命令が出たとたん即座に逃げる、なんてことはできない。そんな報道をされたら二度と国に帰れないからです。従軍記者が戦場にも出入りしていた日本の戦況は、開戦後10分もすれば本国に打電され、物心ついた子ども以上のすべての日本人が把握することが可能でした。

日清戦争のあと、各国との関係はどうなったのか

天津条約以後の軍備増強に成功した日本と、国全体の無関心を背負う清との戦いは、日本の圧勝に終わりました。さて、こうして清に勝ち、朝鮮を自分のものにできたと思ったのも束の間、**実はロシアも朝鮮を狙っていたのです。**ここでステージが変わり、対ロシア戦へとつながっていきます。

1895年、日清戦争に勝った日本は下関条約で清に、朝鮮の独立を認めること、遼東半島・台湾・澎湖《ほうこ》諸島の日本への割譲、賠償金2億両（当時の日本の国家予算をはるかに超える約3億1000万円）の支払いの3点を命じます。

ところが、これにロシアが、フランス・ドイツを携えて異議を唱え、遼東半島の返還を求めてきました。いわゆる三国干渉ですね。通常、戦争に関係のない第三国が、戦勝国の戦利品にケチをつけるなどということはありえません。しかし日本は、「キャイーン」と悲鳴を上げる子犬のごとく、すぐにその要求に従いました。

つまり、**ロシアは弾丸一発撃ち込むことなく、日本を事実上敗北させたのです。**三国干渉とは、アジアにおける国家間の力関係がどうなっているかを世界にわからせた事件でし

た。

朝鮮半島を利益線として確保するには、ロシアをはねのけないといけない——そう悟った日本は、「臥薪嘗胆《がしんしょうたん》」のスローガンに代表される反露感情を着々と育みながら、来たるべき「日露戦争」に向けて軍備拡張に勤しむこととなったのです。

日清戦争直後に朝鮮（李朝）では、閔妃殺害事件を経て国王高宗がロシア公使館に移り、親露派政権が成立します。この事態は「俄館播遷《がかんはせん》」「俄館露遷《がかんろせん》」などと呼ばれ（「播遷」とは「遠くさまようこと」）、1897年になると、同政権は日本に対抗する意味も込め、国号を大韓帝国（韓国）と改めることになりました。

一方、これまで列国から長いこと「眠れる獅子」として恐れられていた清国は、日清戦争でその弱体ぶりをさらしたことで、次々と列国の介入を許すこととなってしまいます。列国は、日本への賠償金で首が回らない清に大金を貸し付け、その代償として租借地を設定し、勢力範囲を拡大していったのです。ドイツ、ロシア、イギリスの租借地が設けられた1898年は、中国分割の年として知られています。

このときに出遅れたアメリカは、「門戸開放・機会均等・領土保全」を唱えます。「勢力範囲を設定して独占するのではなく、経済を開放して平等にやりましょう」ということです。資本主義社会にとって正しいスローガンを掲げることで、自分が閉め出された独占市場に乗り込もう、という戦略を採ったわけです。

この門戸開放政策は、アメリカによる対中国外交の基本になりました。少し先までの流れを見てみると、この戦略により、日露戦争時にアメリカは、中国北方を占領するロシアを攻撃する日本に好意的でした。しかし、日本が中国に勢力を伸ばすと、今度は日米の利害が相容《あいい》れなくなります。つまり、この延長線上に太平洋戦争があるわけですね。

世界最強のバルチック艦隊はなぜ敗れたか

さて、ロシアの南下は勢いを増していました。三国干渉以来、反露感情と危機感を募らせていた日本には、日露戦争が徐々に現実味を帯び始めます。

日本が日清戦争に踏み切ることができた一因には、直前にイギリスと日英通商航海条約を締結できていたことがあると、先に述べました。当時、イギリスは日本にも中国にも不平等条約を押し付けていましたから、日本のほうにのみ条約改正に応じたということは、簡単にいうと、日本の勝ちを保証したということでもありました。つまり、イギリスには、もし日清戦争が想定外の長期戦になった場合、いくらでも経済援助と軍事援助をする用意があったということです。しかし、そんなことをするまでもなく日本が勝ってしまった。それで、国際的に、日本の軍事的なプレゼンスがグッと上がったわけです。

そこで、極東でロシアに対抗する際は日本の存在が不可欠だと考えたイギリスは、それまでの「光栄ある孤立」政策（どことも同盟を結ばないという政策）を捨て、**最初の同盟国として日本を選びます。**これが、1902年に結ばれた「日英同盟」です。

日英同盟では、「二国間戦争のときは他方の同盟国は厳正中立を守り、第三国が参戦してきたら、他方の同盟国も協同戦闘する」ことが約束されます。これは基本的には、**日本が日露戦争に集中するための規定**なんですね。日本は、イギリスの圧倒的な存在感を利用して、**第三国（フランス）の参戦を抑止したかった**わけです。

さて、日英同盟という強力な後ろ盾が得られた日本は、一旦はロシアと協調的交渉を図ろうとしますが、決裂します。同盟締結の2年後である1904年、日本海軍の連合艦隊が旅順港のロシア艦隊を奇襲し、ついに日露戦争へと踏み切りました。

数々の地で激戦を繰り返しながら、最終的に**日本海海戦で、東郷平八郎率いる連合艦隊がロシアのバルチック艦隊を破り、ここに日本軍の勝利が確定します。**しかし、実はこの海戦での勝利は、日英同盟に負うところがかなり大きかったといえます。

ロシアのバルチック艦隊は、世界最強と謳われていました。しかし、その主力部隊はイギリスの支配域であるスエズ運河を通行できず、アフリカ南端の喜望峰を経由したルートを通ることを余儀なくされました。イギリスの影響力は世界に及んでいたため、燃料の補給にも苦しみます。非常に過酷な航海になったため、ロシアの乗組員には死亡するものすら出ました。日本海にたどり着く頃には、兵は消耗しきっていたのです。それが、日本海海戦で日本が勝利を収められた大きな要因でもありました。

かくして、日本はとにもかくにも約1年7カ月をかけ、大国ロシアにも勝ったのでした。しかし、戦死者は動員された30万人の兵の3割に近い約9万人にも上り、その代償は決して小さなものではありませんでした。ちなみにロシア側の動員兵は50万人で、戦死者は約4万人。戦没率は1割に満たない数字でした。

日露戦争はなぜ「第0次世界大戦」と形容されるのか

日露戦争は、日本の国力を遥かに超えた戦争でした。戦費は17億円。日本の国家予算は、日清戦争の頃に1億円を突破し、日露戦争の頃にやっと3億円を超えたところでした。政府は非常特別税を設けて、1年分の税金を国民から集め、残りはすべて内債と外債でまかないました。外債は約7億円分あり、その半分はイギリスが買ってくれました。残りはアメリカです。

アメリカの資本家は、日本の勝利なんてありえないと考えていたため、当初、日本の国債を買おうとはしませんでした。ところが日本の善戦が伝えられると、日本の信用の低さが逆に期待感を生み、日本の国債はニューヨーク市場で一挙に売りさばかれたのでした。このときはまだ、アメリカの大統領セオドア＝ローズヴェルトも日本に好意的でした。

つまり**日露戦争は、その背後でイギリスとアメリカが必死で日本を支えた戦争だった**のです。日本とロシアの一対一の対決ではなく、ほとんど列国間の戦争でした。こうした事情から、**日露戦争は「第0次世界大戦」と形容される**こともあります。

日本海海戦に勝った時点ですでに戦費がかさみ、余力のなかった日本には、戦争の継続はもはや不可能でした。大慌てでアメリカに仲介を依頼し、ポーツマス条約を締結します。内容はロシアが、朝鮮における日本の指導・監督権を認めること。清国内の旅順・大連の租借権、長春・旅順間の鉄道（東清鉄道の一部＝南満州鉄道）とその付属利権（撫順《ぶじゅん》炭鉱・煙台炭鉱）、北緯50度以南の樺太（南樺太）を日本に譲渡すること。また、沿海州とカムチャツカ沿岸の漁業権を日本に認めることなどでした。

もともと、戦費のかさんだ日本は賠償金を請求していましたが、ロシア側は拒否します。交渉を重ねるも難航し、結局これについては諦めることになりました。その合意の内容に、膨大な戦死者と増税に耐えていた国民は怒り、日比谷焼打《やきう》ち事件などが起こることとなりました。

ポーツマス条約で得た南満州鉄道と撫順炭鉱・煙台炭鉱については、当初、日米共同経営を目指す動きもありました。日露戦争をバックアップしていたアメリカが、自分にも権利があるといいだしたためです。しかし、本条約の全権大使・小村寿太郎の強い反対により、日本は単独経営の方針を採ります。**1906年に南満州鉄道株式会社（満鉄）が設立され、遼東半島南部（関東州）には軍事・行政を司る機関として関東都督府が置かれました。関東都督府のなかで、関東州や満鉄沿線の守備を担当したのが、関東軍です。**

ちなみに、満州とは中国東北部のことです。清朝初代皇帝ヌルハチが、民族名を女真族から満州族へと改めたため、彼らの祖宗の地も満州と呼ぶようになりました。

日露戦争後の国際関係はどう変化したのか

日露戦争後の各国との関係を、少し先まで含めて見ておきましょう。

イギリスとは日英同盟を改定し、二国間戦争でも協同戦闘にあたることを規定。協約の範囲はインドまで広げられるとともに、イギリスは日本の朝鮮保護権を認めました。その後、１９１１年の改正では、日米関係の悪化をイギリスが危惧し、協約の適用範囲からアメリカを除外する規定が設けられます。

また、ロシアとは、１９０７年から１９１６年の間、4回にわたって「日露協約」を結び、この時期の日本の重要な外交基軸としていきます。満州における互いの勢力範囲の決定や、アメリカによる満鉄中立化案の提唱などに日露が共同で対抗するという目的のために、この協約を使いました。東アジアで日露の特殊権益が危機に瀕したときは、共同行動・相互援助を行うことなども、約束します。日露協約は、１９１６年の4回目の頃には、第三国による中国支配の防止、戦争時の相互援助などが取り決められ、事実上の攻守同盟となっていきました。

こうして**イギリス、ロシアと近づく一方で、アメリカとの関係は緊張感を増していきました。**アメリカは中国に対して門戸開放を唱えていました。当然、日本の南満州権益の独占に強く反対します。「黄禍論」（ヨーロッパで起こった黄色人種警戒論）も唱えられ、アメリカにいる日本人移民を排斥するなど、その関係はますます張りつめたものになっていきました。

国際関係は、人間関係と極めて似ています。強烈に熱望してきた朝鮮が、いよいよ自分の手に入りそうだというところまできた日本は、一気に攻勢をかけ、朝鮮の植民地化を進めました。日露戦争中から「日韓協約」を結んで朝鮮の財政・外交に干渉し始めた日本は、やがて外交権を掌握します。漢城（現・ソウル）に総監府を設け、初代統監には伊藤博文が就きました。実は、伊藤博文は、のちになされる韓国併合には消極的でした。

１９０９年、朝鮮の民族運動家・安重根が、伊藤博文を狙撃します。翌１９１０年、日本はこれを機に「韓国併合」を強行し、「大韓帝国」の国号を廃して「日本領朝鮮」としました。

こうして**明治時代の日本の大陸での動きを見てみると、それらはすべて主権線の外に利益線を築くという発想がベースになっていることがわかります。**日本外交の伝統になったといってよいでしょう。当時の世界情勢を前提にすると、それは異質なものだったわけではありません。ただし、歯止めの論理がない。**利益線を確保しつつ主権線の拡大を図れば、究極的には世界征服しかなくなってしまいます。**現代社会にもつながる、組織や体制の病理といってよさそうです。

資本主義国家への道

日本の産業はどのように発達したか

資本主義的国家体制の行き着くところは世界征服——そうした問題を孕《はら》んでいるとはいえ、当時の日本は日清・日露戦争に勝って勢いづき、資本主義社会への道をまっしぐらに進んでいく時期でした。

1897年、政府は貨幣法を制定し、悲願だった「金本位制」を確立します。 金本位制とは、自国の通貨の信用を金で付与する（ある通貨に一定量の金との兌換を義務づける）システムです。この信用を銀で付与すると銀本位制で、日本はずっと銀本位制でした。諸外国のほとんどは金本位制でしたから、金本位制を確立することで円の国際的信用を高め、日本の貿易の安定化を図ろうと考えたのです。

産業に関しては、**1880年代以降、日本でも産業革命が起こり、まず紡績や製糸などの軽工業が発達します。** 日清戦争後の1897年には、紡績業で綿糸輸出高が輸入高を上回りました。ただし、対欧米で見ると、イギリスをはじめとする欧米諸国から軍艦、兵器、機械、鉄などを輸入し、アメリカに生糸を輸出するという、開発途上国型の貿易構造となっていました。

一方、対アジアで見ると、インドから綿花、アジア諸国から米や豆などの農産物を輸入して、中国や朝鮮に綿糸、綿織物などを輸出するという、先進国型貿易（加工貿易形態）になりつつありました。

日清戦争を機に、日本の貿易は先進国のステージに突入したわけです。

また、紡績業は、機械と原料の綿花が輸入頼みだったため、全体では大幅な輸入超過でした。器械も原料の繭も国産のものを使用した製糸業が、外貨獲得産業として日本の近代化を支える大きな柱となりました。その後、生糸と綿織物の輸出はさらに伸び、１９０９年には生糸輸出で中国を抜き、世界第1位になります。

そして重工業は、日清戦争を経て軍備拡張が急がれるなかで、急速に発展していきます。政府はまず、その基礎となる鉄鋼の国産化を目指しました。１９０１年には、官営の八幡製鉄所が操業を開始。何度かの失敗を経ながら、日露戦争の頃から生産を軌道に乗せていきます。

こうしてさまざまな産業が発展し、成長していきました。しかし、軍備拡張という目標がある以上、原料や機械の輸入は増加の一途をたどり、慢性的な輸入超過は避けられないものとなっていきました。

政府から、ブルジョアを育てる意図で、官営工場の払下げを優先的に受けていた**三井、三菱、古河などの政商たちも、この産業革命期に鉱業、金融、貿易などの多角的経営に乗り出し、いよいよ本格的に財閥への成長を遂げることとなります。**

一方、産業を支える労働者たちは、低賃金で劣悪な環境下での労働を強いられました。アメリカの労働運動の影響を受けて、日本でもいくつかの労働組合がつくられ、労働者たちが団結して資本家に抵抗する動きも見せました。

また、労働者の指導理論として、労働者を中核とした平等な体制を築こうとする社会主義思想が注目されるようになります。

こうした流れのなか、１９０１年には日本最初の社会主義政党である社会民主党が結成されますが、治安警察法により、直ちに禁止されます。その後１９０６年には、日本で最初の合法的（ときの内閣が存続を容認したということ）社会主義政党である日本社会党が結成されます。しかし、党内の穏健派と急進派の内部対立が激しくなり、急進派が優位を占めると、すぐに結社禁止となりました。

ちなみに、劣悪な環境下での労働というと、紡績工場の過酷な労働をテーマとした『女工哀史』に代表されるように、悲惨な女工たちの姿を思い浮かべがちです。しかし、彼女たちの給料は能力給でした。実は当時、女工の間の給料格差には80倍くらいの開きがありました。もちろんごく一部ではありますが、「百円工女」（百円は当時なら家が建てられるほどの金額）と呼ばれる女工もいたようです。

さらにこの頃から、栃木県足尾銅山下流域を汚染した、**足尾鉱毒事件**に代表されるような、公害問題も発生し始めました。

こうして世界は、戦争と環境破壊の世紀ともいえる、20世紀へと突入していくことになります。近代国家への道を急いだ日本も、ご多分にもれず、その片棒を担ぐ存在となっていったのでした。

大正時代　総力戦の時代に突入する日本

本当にアメリカが仮想敵国だったのか

日露戦争を終えたばかりの1907年、日本は「帝国国防方針」という長期的軍事計画を制定します。陸軍は当時17個師団だったものを25個師団にすること、海軍は八・八艦隊（戦艦8隻、巡洋艦8隻）を目指しましたが、財政難により、計画はなかなか進みませんでした。**仮想敵国としたのは、陸軍はロシアでしたが、海軍はアメリカでした。**

ロシアは「日露協約」を結んでいたとはいえ、陸軍はロシアの対日復讐戦の可能性を恐れていました。一方、海軍は本当にアメリカとの戦争を考えていたわけではありません。それは、太平洋戦争時の状況を考えてもすぐにわかることです。当時の日本は、軍艦や戦闘機を動かす石油を100%アメリカに依存していました。本当に戦争することを想定していたなら、たとえば太平洋戦争の際も禁油になるのを見越して、石油を備蓄しておこうという発想になったはずです。ところが、そんなことはまったく考えていなかった。だからこそ、太平洋戦争直前での禁油という制裁措置が大打撃となってしまうわけですが。

つまり、**海軍にとっての仮想敵国アメリカとは、陸軍に対抗して予算を獲得する手段**としての側面もあったということです。

さて、この頃欧州では、三国同盟を結んだドイツ・オーストリア・イタリア（同盟国）と、三国協商を結んだイギリス・フランス・ロシア（協商国＝連合国）が対立し、緊張感が高まっていました。1914年、ボスニア訪問中のオーストリア皇太子夫妻が、親露的なセルビア青年に暗殺されると（サライェヴォ事件）、これを機に第一次世界大戦が勃発しました。ヨーロッパを戦場に、4年あまりの激戦が続くことになります。

これにより西欧列国のアジアへの影響力は弱まり、日本は勢力拡大の絶好のチャンスと考えます。

1914年、まず、日英同盟を根拠にドイツに宣戦布告すると、中国山東省のドイツ権益接収、赤道以北のドイツ領南洋諸島の一部占領を実行します。

また1915年には、西欧列国の影響力が弱まっているのに乗じて、中国に二十一カ条の要求を突きつけます。山東省のドイツ権益の継承や、旅順・大連・満鉄などの権益租借期限の99カ年延長、漢冶萍《かんやひょう》公司（中国の製鉄会社）の日中合弁化などが、その主な内容でした。最終的に中国はこれを承認しますが、以後、中国では排日感情が高まり、日本は諸外国からの猜疑《さいぎ》を招く結果となりました。

一方、大戦中の1917年、ロシアではレーニンら率いるボリシェヴィキ（のちの共産党）がロシア革命を起こし、世界初の社会主義政権（ソヴィエト政権）を誕生させます。日本は1907年から1916年の間、4回にわたって日露協約を結び、帝政ロシアとの提携関係を強化してきましたが、その終焉により、重要な外交基軸の一つを失うこととなりました。

社会主義革命の成功に危機意識を高めた列国（イギリス・アメリカ・フランス）は、1918年、ロシアに対する革命干渉戦争である「シベリア出兵」を開始。帝政ロシア側のチェコスロヴァキア軍の救援を理由に、アメリカが日米共同派兵を提唱すると、日本はすぐ大量の軍隊をロシア領樺太、シベリア、北満州に派遣します。

大戦終了後、列国はすぐにシベリアから撤兵します。ところが、日本だけは1922年まで駐兵を継続したため、列国から領土的野心を疑われることになります。国際的非難が集中し、日米関係の悪化も招くことになりました。

経済面では、大戦により景気は活況を呈します。大戦前は慢性的な輸入超過と債務拡大に悩んでいましたが、**大戦中は、ヨーロッパ諸国の世界市場からの後退により、輸出が爆発的に拡大し、長期の好景気に入っていきました**（大戦景気）。

また、この好景気により、各種工業も大幅に進展を見せます。製糸業では、アメリカの生糸輸入の96％を占めるまでになります。造船業では、空前の海運ブームに押され、大戦中に汽船建造トン数が10倍以上に拡大しました。世界第3位の海運国となったのです。これに伴って鉄鋼業も隆盛し、鉄鋼会社が急増します。ただ、輸出余力はなく、生産された鉄鋼のほとんどは国内に供給されました。その他、紡績業や、化学工業、電力業なども発展していきました。

国際連盟はどこが画期的だったか

第一次世界大戦は、1918年、ドイツの休戦協定調印により、連合国側の勝利で終結を迎えます。**この戦争は、人類史上初めての総力戦でした。**

それまでの戦争ではあらかじめ戦場が設定されていて、兵士同士がその場かぎりで殺し合うことにより決着がつけられていました。したがって日露戦争までは戦時中、国内ではごく普通の日常生活を送ることも可能でした。そこが攻撃の対象にされることはなかったのです。

ところが、総力戦になるとそれもありえるのです。

日本が総力戦を展開するのは、日中戦争以降です。総力戦になるということは、たとえば、これまでは**直接的には戦争にかかわらなかった女性も、関与せざるをえなくなる**ということを意味します。女学校に行けば、そのまま軍備工場に動員され、そこはしばしば攻撃対象にされました。

第一次世界大戦の戦死者は、連合国側では合計約570万人、同盟国側では合計約400万人、合わせて1000万人近くにも上りました。総力戦は、もたらされる被害が従来とは桁違いに大きかったのです。

そのあまりに凄惨な悲劇は、世界の在り方を大きく変えることとなりました。象徴的なものとして、ソヴィエト連邦（ソ連、成立は1922年）の誕生や、ワシントン体制の形成があげられます。

まず、ソ連の誕生について見ておきましょう。人間が文明を生み出して以来、資本主義社会までは、まず権力闘争ありきでした。そこでは、昨日の敵は今日の友、その逆もしかりで、裏切りが日常茶飯事。やがて権力を握った者は、おもむろにみずからの正当化を開始する。中国史などにおいて、歴史書の編纂がそのための材料とされてきたのは、よく知られているとおりです。

これに対して、社会主義は正当化がすでに終わっていました。**正しいとされた強固な理論が先にあり、それを現実化したのが社会主義革命です。**このような形で権力が築かれたことは、過去にありませんでした。この壮大な実験はのちに失敗に終わりますが、それゆえ、ソ連の盛衰と重なる20世紀は、「社会主義の世紀」ともいわれたりするのです。

もう一つ指摘したワシントン体制には、前段階があります。１９１９年にパリ講和会議で締結されたヴェルサイユ条約により秩序づけられた、ヴェルサイユ体制です。ここで国際連盟の設立が決まり、民族自決という原則が明示されました。

国際連盟は、国際平和維持機関として発足します。**「人間は戦争をしすぎるから、国際平和を維持する機関をみんなでつくろう」**というわけです。こんな発想は、四大文明発生以来、生まれたことがありませんでした。

また、民族自決とは**「民族はその政治的運命を自ら決定する権利をもつべきで、他民族はそれに干渉すべきではない」**という原則のことです。

哲学者、思想家といった一個人ではなく、大国の指導者が国際会議の場でこれを唱えるということは、それまで世界を支配していた帝国主義に、180度の価値転換をつきつけることにほかならず、非常に勇気の要る行為でした。

こうして1921年から1922年にかけて、ワシントン会議が開かれます。アメリカは、ヴェルサイユ体制のもつ精神を、東アジア・太平洋地域にも適用しようとしたのです。

連盟の存在や、民族自決という原則、軍縮平和の理念——これらは今となってはごく当たり前の価値観に思えるかもしれませんが、当時は**いずれも人類史上初めてと形容してもよい、壮大なる試み**だったのです。

ワシントン体制の問題点は何か

しかし、もちろん問題もありました。ヴェルサイユ体制は、いわば欧州の秩序の再編成です。一般的に、国際秩序の再編成というのは、各国の利害が複雑に絡んで非常に難しい交渉になるもので、この時には、敗戦国のドイツに賠償金や領土の要求など、すべてを押しつけることでかろうじて合意をとりつけました。あらゆるマイナスを一身に背負わされたドイツは「ヨーロッパの痰壺《たんつぼ》」と呼ばれ、この屈辱感が結果的にヒトラーを生み出すことにもつながっていきます。

東アジア・太平洋地域に目を転じると、革命が起きたばかりの旧ロシア地域、軍閥割拠状態でバラバラの中国、膨張を続ける日本など、情勢は混とんとしていました。また、ドイツのように、何かを押しつけられる敗戦国もありません。

そのため、すべての問題について現状維持・多国間協調の原則が貫かれます。まず、日本、イギリス、アメリカ、フランスの4カ国間で、太平洋上の各国領土に関する現状維持の尊重と、紛争の共同会議による処理などを約束しました（四カ国条約）。これには当然ながら、太平洋地域における日米間対立の激化を抑制する意図があり、日英同盟の終了も規定されました。

同時に、この4カ国にイタリア、ベルギー、ポルトガル、オランダ、中国を加えた9カ国で、中国での新しい権益獲得を禁止する（現状維持する）条約も締結されました（九カ国条約）。主力艦の保有比率についても、10年間建造禁止で合意しています。

ワシントン会議には、大混乱の続くソ連（ロシア）地域の代表は招かれませんでした。また、この体制は、現状維持、つまり過去をそのままにするという点で、軍閥割拠状態の中国に大きな負担を強いていました。**ソ連が無視できない存在感を発揮し始めたら、中国が統一されて負の遺産の解消を求めてきたら、一体どうするのか。**まもなく世界は、この問題双方に直面することになります。

世界の新たな主役となった国はどこか

第一次世界大戦前、世界の主役はイギリスでしたが、**大戦後、その座はアメリカに移っていきます。**

この頃のアメリカは、国としてどんどん伸びていく時期であり、非常に初々しいんですね。そのため、国際社会の責任を負う役を買って出て、ワシントン体制の構築に邁進していきました。アメリカは、ヨーロッパ側、東アジア・太平洋地域側、その両方の国際秩序を守る蝶番《ちょうつがい》の役割を担うこととなったのです。

ところが、**この10年後に「世界恐慌」が起き、苦しくなったアメリカは、その役割をなかば放棄してしまいます。**蝶番が外れたことで国際秩序のバランスは一挙に崩壊し、これが第二次世界大戦への引き金となっていくわけです。

一方、日本は、ワシントン会議参加のためにアメリカに代表団が滞在していた最中、個別に中国と話し合いを取りつけ、奪っていた山東省のドイツ権益を中国に返還することを約束します。

第一次世界大戦中、イギリスの影響力が中国から後退すると、日本の商品が広大な中国でよく売れるようになりました。中国も連合国側についたことから、大戦後、山東省のドイツ権益返還を求めました。

ところが、パリ講和会議で、そこは依然日本のものとすることが決定されてしまいます。当時の国際社会における力関係から、日本の要求が通ったのです。これを受け、中国では抗日運動が起こり、日本商品はボイコットされるようになりました（五・四運動）。

そんな経験から、二度と中国市場を失いたくないと考えた日本は、ここで山東省の権益を返還することで、経済的利益という国益を優先することにしたのです。

第一次世界大戦の悲劇によってもたらされた、軍縮平和、民族自決といった価値観の大変革。日本もこの新たな価値観を共有しようとはしました。やがて日本が満州の地に建てた傀儡《かいらい》国家・満州国におけるスローガン――「五族協和」（漢族、満州族、蒙古族、朝鮮族、日本人の5つの民族による民族協和の構想）――にも示されるように、〝日本版・民族自決〟を唱える程度の悪知恵も働かせています。

しかし、大戦を深刻に経験することのなかった日本は、世界のあり方の変化に、本当のところで気づいてはいませんでした。

政党政治のたどった道はどのようなものか

さて、この時期の日本国内の政治はどのようになっていたのでしょうか。少しさかのぼりながら、見ていきたいと思います。

先にも少し触れたように、明治時代初期から中期にかけて政党が生まれ始めますが、当初はまだ藩閥政治から抜け切れていませんでした。やがて日清戦争頃から、政党が力をもち、藩閥と拮抗し始めると、政界では二つの道が模索されるようになります。

一つが、**藩閥の一部（伊藤博文）と政党が提携する「政界縦断」路線**、もう一つが、**政党同士が手を組んで藩閥と対決する「政界横断」路線**です。

1892年成立の第二次伊藤内閣と、続く第二次松方内閣は、政党と提携して成立しました。その次の第三次伊藤内閣では、政党との提携がうまくいきませんでしたが、地租増徴問題（軍拡予算確保のための増税法案を通そうとするも失敗した問題）を経て政党同士の連携が進み、「憲政党」が結成。これにより、続く大隈重信内閣で、初の政党内閣が実現しました。しかし、連携していた政党同士が再分裂し、大隈内閣は短命に終わりました。

こうした過程を経て、**伊藤は1900年、憲政党（自由党系）を吸収して立憲政友会を**

結成。以後、40年間にわたり主導的役割を果たす政党が、ここに誕生することとなります。つまり、政界縦断路線が採られたのです。

一方、**政党に対して警戒感を強めた非政党勢力**（陸軍、海軍、貴族院）**は、山県《やまがた》有朋のもとに集まり、「山県閥」をつくっていきました。**

1898年の第二次山県内閣では、文官任用令を改正したり、軍部大臣現役武官制を定めたりして、政党員が高級官僚や陸相・海相に就任できないようにしていきます。

この軍部大臣現役武官制は、陸相・海相の任用資格を現役の大将・中将に限定する制度だったため、陸軍省、海軍省が後任の大臣の推薦を拒否した場合、首相には選任手段がありませんでした。これはのちに倒閣機能を発揮し、日本の政治史に重大な影響を及ぼすことになります。

こうして20世紀に入ると、陸軍、海軍などを支持勢力とする政権（山県閥）と交互に、立憲政友会（政党）が政権を取るようになります。1918年には、立憲政友会の原敬《たかし》が内閣を組織しました。これまでは政党といっても、そのトップは藩閥出身者がほとんどでしたが、原は、藩閥や華族でなく、衆議院に議席をもつ初めての首相でした。こうした性質から、この内閣は本格的政党内閣と呼ばれています。

原は、政党嫌いだった山県をはじめ、あらゆる勢力に立憲政友会を認めさせ、「我田引鉄《がでんいんてつ》」という言葉に代表されるように、鉄道敷設などの利益誘導型政治を精力的に展開します。つまり、今に通じる自民党政治の原型をつくった人物であり、批判されることもありますが、政治技術の面では極めて高い能力を有し、優れていたことは間違いありません。

これまでの政治は、それぞれの政治家の理念によって離合集散を繰り返し、そのために運営が頓挫することが多々ありました。これに対して原は、政治では何より「組織」が重要だと考えたわけです。分権的な性質をもつ大日本帝国憲法下の政治運営の限界を克服していくためには、それが不可欠でした。

その後、1924年から8年ほど、政党がずっと政権を握るという時代がやってきます。**政党内閣期と呼ばれ、憲政会（立憲民政党）と立憲政友会とが内閣を組織しました。戦後の日本が一度もまともに経験したことのない、二大政党による政権交代が、ほぼ実現した時期でもあります。**こうして政党が力をもっていった背景には、それを後押しする二つの大きな要素がありました。それが、**天皇機関説**と**民本主義**です。

天皇機関説とは、統治権の主体を国家に帰属させ、天皇を国家の最高機関とする学説です。以前から広く世間に受容されていましたが、美濃部達吉の登場以降、より説得力を増し、大日本帝国憲法下において、政党政治の必然性を裏付ける役割を果たしました。

民本主義は、政治学者の吉野作造が提唱した、デモクラシーの訳語としての概念です。主権在民を含意する「民主主義」では、憲法に抵触する恐れがあるけれど、主権の所在を問わない「民本主義」なら抵触しないとし、大日本帝国憲法の枠内で民主主義を徹底するための政治理念として、とくにジャーナリズムで歓迎されました。この考え方は、当然ながら「国民主権」とは言っておらず、一番大事なところを骨抜きにした現実志向のものでした。それでも、理想の火を消すことなく、現実と結びつけたところに大きな意味があったのです。

１９１８年、吉野らは黎明会《れいめいかい》を、吉野の影響を受けた学生らは東大新人会を組織しています。新人会は、急速に社会主義的色彩を強めていきました。

社会主義といえば、１９２２年には、コミンテルン（本部をモスクワに置く、各国共産党を指導する国際的組織）の日本支部として、日本共産党がつくられています。３年後の１９２５年には治安維持法（天皇制の打倒や、私有財産制度の否認を目指す、社会主義運動を罰する法律）が制定されるなど、弾圧体制が強まっていくなか、非合法活動を展開していきました。

この頃、労働運動や女性解放運動、部落解放運動など、さまざまな社会運動も活発化していきます。これらも、政党政治の実現を背後で支えたと考えられます。

政党政治の命を縮めたものは何か

政党政治の全盛期は、不運にも大不況や天災の発生と重なりました。まず、第一次世界大戦終了直後、1920年に、大戦中の好景気の反動で「戦後恐慌」が起こります。そして、1923年には関東大震災が起こり、**「震災恐慌」**に突入。関東大震災後には、流言により朝鮮人、中国人の殺傷事件も発生しました。

続いて、昭和に改元した翌年の1927年には、ときの片岡直温《なおはる》蔵相が、資金繰りに難儀してはいたものの、まだ破綻していなかった東京渡辺銀行を「破綻した」と、衆議院予算委員会において失言。これを機に取付け騒ぎが発生し、休業銀行が続出しました。また、大戦中に急成長した商社・鈴木商店も経営破綻し、その巨額の不良債権を抱えていた台湾銀行も、経営危機に陥ります。ここから、「金融恐慌」が起こりました。

銀行というのはたいてい最後に破綻するものですが、その銀行の整理も終わり、さすがにこの状況からそろそろ脱出できるだろうと思っていた矢先、1930年頃に、今度は予想を遥かに超えた未曾有の大恐慌**「昭和恐慌」**がやってきます。前年の、ニューヨーク・ウォール街に始まった世界恐慌のあおりを受けたものでした。

輸出は急激に下がり、企業は倒産して失業者はあふれ、農村も深刻な恐慌状態に陥ります。大学を出ても就職先はなく、東北地方などでは欠食児童が出るほか、多くの家庭で女子の身売りまで余儀なくされるような状態で、その衝撃はあまりに大きいものでした。

国民の怒りは何に向けられたのか

こうした情勢のなか、マルクス主義が知識人の間で強い影響力をもちはじめ、社会主義運動もさらに活発化していきます。

1928年に衆議院が解散され、初の男性普通選挙が実施されると、労働農民党（労農党）などの無産政党から8人が当選。日本共産党も、労農党候補として党員を立候補させるなど、精力的な活動を展開しました。

こうした流れを受け、ときの田中義一内閣は、社会主義運動への抑制を強化します。治安維持法を緊急勅令方式で改正し、最高刑を死刑または無期刑にしたり、結社に関係した協力者も処罰可能にする「目的遂行罪」を追加したりして、運動への威嚇効果を強めました。それとともに、共産党員と同調者の大量検挙を実施します（1928年の三・一五事件、1929年の四・一六事件）。こうして、戦前の共産党は、壊滅的な打撃を受けることとなりました。

一方、田中内閣で恐慌対策の命を受け、3度目の蔵相に選ばれた高橋是清は、3週間のモラトリアム発令と、日本銀行からの巨額の救済融資の実施のほか、片面印刷で急造した200円札を銀行の店頭に積んで見せ、預金者を安心させるなどの奇策を展開しました。これにより、恐慌はひとまず落ち着き、日本は列国に先駆けて恐慌から脱出します。

ところが、財閥はちょうどこの頃に行われたイギリスの金本位制停止を受けて、外貨取引により巨額の為替差益を獲得していました。こうした財閥への怒りは、長すぎる経済の低迷への絶望と相俟って、人々のなかに、テロを支持する感情を育てていくこととなりました。

1931年には、後述する満州事変の勃発などにも刺激され、陸軍青年将校の秘密結社・桜会による、三月事件・十月事件というクーデタ未遂事件が発生します。政党内閣を打倒して、軍部内閣を樹立しようとするものでした。

また、翌1932年2月には、日蓮宗僧侶・井上日召《にっしょう》による血盟団事件が発生します。

「一人一殺」を唱え、政界・財界人を暗殺しました。同年5月には、ときの首相・犬養毅《つよし》を海軍青年将校の一団が射殺した「五・一五事件」も発生します。

終わりのない恐慌に不景気、それによるあまりの貧困と混乱状態。社会というのは、そう長く、こうした状態に耐えられないんですね。不運としかいいようがない部分もありますが、政党は全盛期を迎えてまもなくのところで、最も大切な基盤だった、国民の信頼を失ってしまいました。犬養の暗殺をもって、ついに政党政治は終焉を迎えることとなります。

やり場のない怒りは、テロを起こした一部の人間だけでなく、国民全体にも広がっていました。これらの事件に対しても、恐れおののくどころか、快哉《かいさい》を叫ぶような人が多かったのです。**なぜこんなに我々の生活は苦しいのか、こんな社会をつくったのは誰か――それは既成政党だ、**という発想になっていく。そして、**その大元は英米がもたらしたものだ、**という結論にもつながっていったのです。

満州国建国に至る流れはどのようなものか

「敗者の理性」に支えられて明治維新を成し遂げ、成長してきた日本は、今や「欲望を制御できない勝者」に変貌しつつありました。世界の動向と日本の行動は、その距離を徐々に広げていきます。

日露戦争後、日本は南満州に関東州の租借権や満鉄の経営権などの権益を獲得し、その後結ばれた「第三次日露協約」で、さらにその勢力範囲を東部内蒙古へと拡張させました。以降この地域に対し、一般に「満蒙」の語が用いられるようになります。

ところが1920年代後半頃から、ソ連はロシア革命後の混乱を脱し、急速に強大化していきました。中国でも、1919年に中国国民党（のちに国民政府）、1921年に中国共産党が誕生し、1926年、中国国民党内で実権を握った蔣介石《しょうかいせき》が、各地に割拠する軍閥の打倒を目指して北伐《ほくばつ》を開始します。

日本は満州に関東軍を置いていましたが、関東軍はあくまで対ソ戦用部隊です。日本にとって、蔣介石の北伐は背後から迫ってくるものでした。また、蔣介石は政治的にはやや難があるものの、軍事的には高い能力をもつ指導者でした。

日本は困ります。満州にいる日本人居留民保護の名目で対抗しましたが、もし全面的に戦って占領地を広げるというようなことをすれば、九カ国条約を、世界に先立って破ることになってしまうからです。

ときの田中義一内閣は、基本的にワシントン体制を前提にする立場をとっていたことから、満州権益の防衛という観点から、山東省に出兵しては撤兵するという方策をとります。ところが、関東軍は陸続きで外敵と接している存在だったこともあり、やはり日本本土とは感覚が違う部分もあったのでしょう。関東軍参謀の河本大作《こうもと》が、満州の武力制圧を企図し、満州軍閥の指導者の張作霖《ちょうさくりん》を奉天郊外で爆殺するという事件、いわゆる**張作霖爆殺事件**が1928年に起こります。

実は日本は、これまで援助してきた張が、蔣介石を討ってくれることを期待していましたが、張は国民党との戦闘に連戦連敗。河本はこれに業を煮やし、暴挙に出たのです。謀略事件として知られていますが、謀略としては稚拙でした。

首相の田中も、まもなくこれが河本の仕業だと知らされます。しかし、陸軍が真相を隠蔽したいと考えたため、田中は「真相はよく調べたもののわかりませんでした」と昭和天皇に上奏しました。これを聞いてすでに真相を知っていた天皇は激怒し、ショックを受けた田中は内閣総辞職を決断します。

また、張作霖爆殺事件の結果、張作霖の息子である張学良は、国民党に合流し、**蔣介石は中国をほぼ統一することに成功しました。**一つにまとまった中国では、不平等条約の撤廃や、租借地の回復などを目指す、国権回復運動が盛んになっていきます。

危機感を強めた関東軍は、それを打開するため、武力でこの地域を中国から切り離し、日本の勢力下におこうとします。1931年9月、**関東軍は奉天郊外の柳条湖《りゅうじょうこ》で満鉄を爆破すると、これを中国軍の仕業だとして軍事行動を開始しました。**ときの第二次若槻礼次郎内閣は不拡大方針を声明するものの、関東軍はこれを無視します。かくして、**満州事変が勃発したのです。**

蔣介石は日本で軍隊生活を送った経験もあり、日本を実によく観察していました。日本が外圧に弱いことも察知していた可能性があります。事変の勃発に対して、蔣介石は国際連盟に日本を提訴して対抗していくという方針を採ったのでした。

一方、満州全域を占領した関東軍は、満州の親日政治家らの協力を得て、清朝最後の皇帝・溥儀《ふぎ》を執政として迎え、**日本の傀儡国家・満州国の建国を宣言します。**連盟が派遣したリットン調査団が到着する前に、満州国の独立を既成事実化しようとしたのです。

1932年、リットン調査団は調査を開始。まとめられた報告書は、日本に撤兵を求める一方で、日本に妥協的な性格をもち、満州の地に日中双方を含んだ自治的政府を設けることを提案していました。その背景として、調査団のメンバーがソ連の膨張を警戒していた点を指摘できます。彼らは、日本が満州に影響力を保持し、ソ連と向き合っていてくれたほうがよいと考えたわけです。

しかし、すでに満州国を承認していた日本にとって、リットン報告書に基づく対日勧告決議案は呑めないものでした。1933年2月、国際連盟臨時総会で決議案が可決されると、**日本側全権・松岡洋右《ようすけ》は総会の会場から退場し、続いて日本は連盟からの脱退を通告します。**退場したからといって、脱退を通告しなければならなかったわけではないのですが、松岡の行為は国内で英雄的行為として賞賛され、引っ込みがつかなくなってしまったのです。

こうした事例からも、当時の日本が浮き足立ち、冷静さを失いつつあることがわかると思います。

やがて満州国には、大量の移民が送り込まれます。人口爆発下の日本社会では、満州国は「夢の国」として語られ、多くの人が希望に胸ふくらませて渡る土地となっていったのでした。

昭和時代　軍部の政権

二・二六事件はなぜ起こったか

さて、1930年代になると、軍部は政治的発言権を増していきましたが、政権を握ったといっても、その内部では激しい派閥争いが繰り広げられていました。陸軍内部では、天皇中心の精神主義的な「昭和維新」路線を唱える「皇道派」と、総力戦に備えた高度国防国家を合法的に建設しようとする「統制派」が対立するようになります。皇道派は急進的な青年将校を中心に支持され、統制派はエリート軍人によって形成されていました。

皇道派の唱える昭和維新とは、明治維新で発揮できなかった天皇のオーラを、今度こそ十分に発揮できる体制に変えよう、という考えから、彼らが立てたスローガンです。この頃から、皇道派と民間の国家主義勢力により、天皇機関説の排撃運動が各地で展開されるようになりました。こうした事態から、ときの岡田啓介内閣は、天皇機関説を公的に否認する国体明徴声明を出さざるをえなくなります。

また、1936年には、皇道派の青年将校らが「天皇中心の美しい国家」を目指して、**蔵相・高橋是清や内大臣・斎藤実《まこと》らを殺害するクーデタ「二・二六事件」が発生しました。**

しかし、この事件に最も怒ったのは、ほかでもない昭和天皇でした。統制派がこれを鎮圧し、以降、皇道派は陸軍から一掃されたのでした。

なぜ日中戦争は泥沼の戦いとなったのか

傀儡《かいらい》国家・満州国を建国しても日本はそれにあきたらず、自らの影響力の及ぶ区域を広げようと試みます。その頃中国では、蔣介石率いる国民政府と、毛沢東率いる中国共産党が対立していましたが（国民政府成立後も共産党は反発し続け、再び力を増していました）、この対立につけ込み、中国の華北地域に親日的政権を樹立し、ここを利益線に組み込もうとしたのです（「華北分離工作」）。

ところが1935年、共産党が、抗日民族統一戦線の結成を国民政府に呼びかけます。国民政府にいた張学良は、これに応えて停戦協定を結び、1936年蔣介石を監禁して「内戦停止・一致抗日」を説得します（西安事件）。張学良は日本に近しい重要人物でしたが、彼の父を亡きものにした張作霖爆殺事件により、日本は彼の信頼を失ったのでした。

かくして中国の内戦は終わり、日本への徹底抗戦へとその舵《かじ》は切られていきます。

1937年、盧溝橋《ろこうきょう》でのちょっとした小競り合いがきっかけとなり、日中戦争が勃発します。日本は、陸軍も海軍も、中国を仮想敵にしたことは一度もありませんでしたから、この戦争は日本にとって想定外でした。そのため、こんなところで体力を消耗するわけにはいかないと、短期決戦をもくろむことになります。

まず、首都南京の攻略を目指して進軍を開始し、20万の兵力をもって何とか陥落させます。このときに、日本軍の多数が中国兵と一般市民を同一視して殺害に及ぶ、南京事件も発生します。

日本は、首都が陥落して戦争は終わると思い込んでいましたが、ここで想定外の事態に直面します。国民政府が首都を漢口、その後に重慶へと移し、抗日戦を継続させたのです。共産党も各地に抗日根拠地を設け、ゲリラ戦を展開しました。

こうして、日中戦争は、当初の日本の予想を遥かに超える長期の全面戦争へともつれ込んでいきます。そのうえ1938年、ときの第一次近衛文麿内閣は「国民政府を対手《あいて》とせず」という声明を出し、和解交渉の道を自ら断ち切ってしまいました。

日本はこの日中戦争で、初めて総力戦を経験することになります。長期化するなかで、

日本国内では戦争の遂行が第一義とされ、国民に対する統制と管理が強化されていきました。「挙国一致・尽忠報国《じんちゅうほうこく》・堅忍持久《けんにんじきゅう》」をスローガンとする「国民精神総動員運動」が盛んになり、1938年には、戦時下の人的物的資源の統制運用を、勅令によって可能にする「国家総動員法」が制定されます。この法律により、政府は議会の承認なしに、総力戦のための経済統制を実行できる権限を得たのです。

ヨーロッパの状況はどんなものだったか

この頃のヨーロッパの情勢を、少しさかのぼって見てみましょう。

イタリアでは、1920年代からファシスト党を率いたムッソリーニが政権を取り、一党独裁が実現しました。ドイツでも、1930年代に入り、ナチ党を率いたヒトラーがヴェルサイユ条約破棄を唱えて政権を取り、一党独裁体制を確立していました。両者は、1936年のスペイン内戦で、ともに保守的なフランコ将軍派を援助して関係を深め、「ベルリン=ローマ枢軸」を形成するようになります。

そして同じく1936年、日中戦争の前年に、日本はドイツと「日独防共協定」を結んでいました。日本にとっては、激化する中国の抗日運動の抑制、ソ連の牽制、国際的孤立からの脱却、大陸政策遂行等のために必要であるという、軍部からの強い要請に基づいてのものでした。この協定には、翌年イタリアも参加します。

日独防共協定によって、日ソ関係は悪化します。1938年、ソ連は、満州との国境が不明確だった張鼓峰《ちょうこほう》に陣地を構築し始めます。日本政府側は撤退要求を出しますが、ソ連は拒否。激しい戦闘が繰り広げられましたが、日本軍はソ連の機械化部隊との戦闘で大きな損害を出すことになりました（張鼓峰事件）。

また1939年には、満蒙国境で日ソ両軍が衝突するノモンハン事件も発生し、日本軍はここでも大打撃を受けました。

一方、門戸開放政策をとるアメリカとの関係は、日中戦争以降、悪化の一途をたどりました。1939年、アメリカは日米通商航海条約の破棄を通告し、日本への経済制裁に出ます。

日本はどのように全体主義に傾いていったか

先にもお話ししたとおり、1929年に起きた世界恐慌によって、アメリカが国際秩序の安定を図る蝶番役を放棄すると、世界のバランスは一挙に崩れていきました。

イタリアとベルリン＝ローマ枢軸を築いていたドイツは、１９３９年8月、突如、ソ連と**独ソ不可侵条約**を締結します。9月には、ポーランドなど東欧を独ソで分割するという、この条約における密約に基づき、ドイツがポーランドに侵攻。**ドイツ側「枢軸国」と、これに反撃するイギリス、フランスによる「連合国」との間で、第二次世界大戦が勃発する**ことになります。

この独ソ不可侵条約の締結は、ちょうど日本がノモンハン事件でソ連と衝突していた時期の出来事でしたから、日本は大きなショックを受けました。大戦開戦後も、日本はドイツとの同盟強化には消極的で、ときの米内光政《よないみつまさ》内閣は、「欧州戦争不介入」方針を採りました。

ところが１９４０年、ドイツがパリを占領し、フランスが事実上滅んだような状態になると、それに勇気づけられた日本では、対米英戦も覚悟のうえで、ドイツと提携して**南進作戦**を採るべきだという議論が高まります。南進作戦とは、日本軍が「南方の宝」と呼んでいた石油、アルミニウム、ゴムなどが採れる地を奪取することで、これにより、膠着《こうちゃく》化《か》していた日中戦争を打開したいと考えたのです。

また、ドイツの快進撃により、日本でも、ナチ党や共産党をモデルとした一党独裁体制を築こうという動きが高まりました（新体制運動）。欧州戦争不介入を唱え、現状維持的性格の強かった米内内閣は、軍部大臣現役武官制の適用で総辞職を余儀なくされ、第二次近衛文麿《このえふみまろ》内閣が成立。その後、複数の政党は不要とされて全政党が解党し、**「大政翼賛会」**が成立します。

日本は日に日に全体主義へと傾いていきました。

1940年9月、日本はフランス領インドシナ北部に進駐。同時に、ドイツ、イタリアと**日独伊三国同盟**を締結します。この同盟は、当時まだ大戦に加わっていなかったアメリカが、ヨーロッパ戦線に参加するのを抑制することを目的としていました。この締結が、アメリカとの敵対関係を、ついに決定的なものとさせました。

なぜ太平洋戦争開戦を決定したのか

太平洋戦争に至るまでの経緯は、実に複雑です。それは一つには、**日本が自国の国力に自信をもてていなかった**ことが原因でした。あれだけ、アメリカと敵対必至となるような行為を続けながら、**経済的にかなりアメリカに依存していた日本は、対米英戦は避けたいというのが本音でした。**

当時の内閣のなかで、「戦争に突き進もう」と考えた内閣は、実は一つもありません。既成政党や、事実上次の首相を選ぶ立場にある元首相たちの層、軍部の一部の人たちは「現状維持派」であり、戦争には反対でした。代表的なのが西園寺公望《きんもち》で、「戦争は極力避けるべきであり、そのためには大胆な妥協もすべきだ」と主張していました。また財閥も、取引が最も多かったのがアメリカでしたから、当然アメリカと戦いたいはずはなく、現状維持派でした。昭和天皇も、こちらの立場だったといえるでしょう。

実際、海軍は、兵力はもって半年くらいだと進言していましたし、陸軍内の若手のグループである秋丸機関をはじめとする、いくつかの機関の分析では、**この戦争は敗北必至**という結論が出ていました。

日中戦争以降、経済統制強化や、総合的な国策企画にあたるための機関として、企画院が設置されますが、企画院の調査では、日米のその当時の鉄の生産力には60倍くらいの差があり、潜在的生産力（1、2年くらいでその国がもてる力を、総動員した場合に可能な鉄の生産力）では、数百倍の差とまで結果が出ていました。

また、石橋湛山《たんざん》のように、この戦争は必ず敗北するから、その衝撃でできなかった改革ができると考えた人もいたほどでした。

1941年、近衛文麿内閣は、二つの柱で打開策を模索します。一つが、松岡洋右外相による、ソ連との関係構築による米英への対抗。もう一つが、駐米大使・野村吉三郎《きちさぶろう》による、アメリカ国務長官・コーデル＝ハルとの関係打開交渉です。

松岡は、1941年4月に、ソ連と日ソ中立条約を締結しました。これを、独ソ不可侵条約と日独伊三国同盟に結びつけ、日独伊ソ4カ国の大陸ブロックを形成することで、米英に対抗しようと企図したのです。

ところが、すでに1940年末の時点で、ドイツのヒトラーは、戦局打開のための対ソ攻撃を極秘に決定していました。日ソ中立条約成立の2カ月後、1941年6月には、ドイツがソ連への電撃作戦を開始。**松岡の構想は水泡に帰し、日米関係を悪化させただけ、という最悪の結果がもたらされました。**

同年7月以降、日本は日米交渉に最後の期待をかけます。しかしこの頃、日本軍は資源を求め、フランス領インドシナ南部に進駐していました。これに態度を硬化させたアメリカは、在米日本人の資産凍結と、対日石油禁輸措置を実行します。

こうした流れを受け、同年9月には、御前会議で「帝国国策遂行要領」が決定され、そこには、アメリカとの交渉を期限つきで進める一方、交渉決裂の際には対米開戦を決意すると明記されました。しかし10月、近衛内閣は開戦をためらって総辞職し、東条英機内閣が成立します。

11月、アメリカから提示されたハル＝ノートの内容は、中国・フランス領インドシナからの全面的無条件撤退、満州国・汪兆銘《おうちょうめい》政権（新国民政府）の否認、日独伊三国同盟の実質的廃棄を求めるものでした。つまり、満州事変以前の状態に戻れという要求であり、日本にとっては到底受け入れられないものでした。

12月1日、ついに日本は開戦を最終決定します。

日本を戦争へと駆り立てたものは何か

なぜ、開戦を避けたいと思いながらも、日本はその道へと突き進んでしまったのか――一つには、現状維持派と拮抗する形で、戦争へと日本を駆り立て、その道を急ごうとする勢力が、制御できないほどに大きくなっていったという事実があります。

その代表が、**陸軍の上層部を占める強硬派**と、**革新官僚と呼ばれた、若手の国家主義的な官僚グループ**です。天皇を中心にしつつも、一党独裁・計画経済などを実施する、社会主義的といってよい変革を、しばしば主張していました。それが、とてもかっこよく見えたのは事実です。

新聞の論調も、現状維持派の政府に対して「弱腰」「軟弱外交」と非難するものが基本であり、開戦を主張するものがほとんどでした。

また、ジャーナリストの徳富蘇峰が出版した『必勝国民読本』（1944年）には、大東亜戦争（太平洋戦争の当時の日本側での呼称）開戦の詔書が、昭和天皇の署名入りで掲載されており（文責者は蘇峰自身）、それもあってか、紙不足の当時としては異例の100万部のベストセラーになっています。

蘇峰は自ら決意して御用学者になった人ですが、よく知られた論客でしたから、「そんな人が、この戦争は正しいと言っているのなら、正しいのだろう」と、多くの国民が考えても無理もなかったかもしれません。本の最終章には、「日本人は精神力がすごいから必ず勝つ」とも書かれています。

幕末、西洋の圧力にさらされたときにも、佐久間象山が「東洋道徳・西洋芸術」（道徳や社会政治体制の面では伝統を守り、科学技術の面では西洋のものを取り入れようという思想）を唱えました。それは、西洋のすべてを目の敵《かたき》にした幕末の攘夷思想から、西洋の近代文明を取り入れて社会を変革させようとした、明治期の啓蒙思想にたどり着くまでの、転換期の産物とも考えられますが、精神論に寄っていくときというのは、たいてい危険なんですね。

1920年代に恐慌が立て続けに起こった頃、長すぎた経済の低迷と困窮から、国民の間に、いつしか英米を恨むような気持ちも醸成されつつあったということをお話ししました。白人に対する劣等感なども、それを後押しした一因だったかもしれません。近代というのは西洋、白人文明、キリスト教文明がつくり出したものでしたから、どれだけやっても自分たちは仲間外れだ、という感が否めません。そうした鬱屈もあったかもしれません。どんな社会においても、経済力やら何やらが勝っているものが優位に見え、自分たちが惨めに思えるという事態は起こりえます。そういう感情を利用してある種の方向に国民を煽る戦略は、よいかどうかは別として、プロパガンダとしては有効です。

ただ、戦争については、感情や希望的観測を優先して決断したら、待っているのは悲劇と不幸だけでしょう。

日本は、**日清戦争・日露戦争いずれでも、明確な勝算がないまま戦争に突入して勝利しました。「二度あることは三度ある、今度も何とかなるだろう」といった安易な感覚も、多くの人の潜在意識にあったのではないか**と思います。

太平洋戦争の戦況はどのように推移したか

太平洋戦争が始まると、日本は、**大東亜共栄圏を建設する**という戦争目的を掲げます。これは、欧米による植民地支配からアジア諸民族を解放し、「帝国（日本）を核心とする道義に基づく共存共栄の秩序を確立」しようというものでした。これは第一次世界大戦後に形成された世界観を反映させたものでしたから、唱えられたスローガン自体は間違ってはいませんでした。日本は頭では、世界がどういう方向に向かうかわかっていたわけです。でも実際には、東アジアでの日本の軍事、政治、経済、3つの面での支配を、正当化するために掲げられたにすぎませんでした。

1941年12月、日本はハワイ真珠湾を奇襲攻撃。太平洋戦争の火ぶたが切られます。真珠湾ではアメリカの戦艦4隻を撃沈しますが、燃料タンクなどの軍需施設はスルーしてしまいました。その後、「電撃作戦」によってマニラ、シンガポール、ジャワ島を占領。海軍の予告通り、最初の半年くらいまでは快進撃が続きました。

この頃、東条内閣は議会を完全に支配するため、総選挙に候補者推薦制を導入します（「翼賛選挙」といいます）。推薦を受けなかった候補者に対しては、多方面から選挙干渉が展開され、結果的に、政府の推薦候補が8割以上を占めることになりました。これにより翼賛体制が確立していきます。

そして、太平洋戦争緒戦の快進撃に目が眩《くら》んだ日本は、明らかに国力を超えた作戦を広範囲に展開しました。戦局は急激に悪化していくこととなります。

一方、真珠湾を攻撃されたアメリカは、ここで一挙に身を引き締めました。日本軍が太平洋にまで押し込んできて、アメリカから見ると、本土まで土俵際のような状態になっているときに、日本語を解する兵士の育成にも努めました。それは、前線での情報収集などの点で大きな効果を発揮します。

暗号の解読もアメリカは一歩先んじていたし、戦争末期には、ルース・ベネディクトの『菊と刀』の原型も登場します。これは、アメリカによる日本研究の水準の高さをよく示すものでした。

こうした歴然たる差が、その後の戦局に表れます。

日本は1942年6月の**ミッドウェー海戦で惨敗**し、1943年2月には、前年に日本軍が上陸していた**ガダルカナル島からも、撤退**を余儀なくされます。

この時点ですでに制空権、制海権を奪われていた日本は、不足した兵力や労働力を補うために、朝鮮人や日本の占領地の中国人を日本本土に徴用して働かせたりもしました。学徒出陣で、それまで徴兵猶予が認められていた大学生の一部も入隊、出征させています。

しかし、アメリカの圧倒的な攻撃の前に、各戦線で大敗が続きます。もはや絶望的な戦局のなか、政府、軍部は、国民を総動員して戦力を補充しようとしました。

まず、現役以外の者も召集して出兵させました（召集兵）。最終的には、現役兵を上回るほどの召集兵が応召されています。こうして多くが出兵してしまったため、工場には、熟練工に代わって女性や子どもを勤労動員しますが、生産性や品質は落ち、結果的に戦力低下を招きました。

１９４４年には激しい攻防戦の末、**サイパン島が陥落**します。この敗北により、東条英機内閣は総辞職。以後、**サイパン島を基地として、日本本土への空襲が日常化していきます。** 大都市の子どもたちを農村へ移動させる、学童疎開も本格化していきました。

アメリカはなぜ原爆を投下したのか

一方、この頃になるとヨーロッパでは枢軸国の劣勢が明白となり、１９４３年9月にはすでにイタリアが降伏していました。

ときのアメリカ大統領フランクリン＝ローズヴェルトは、来たるべき日本への上陸作戦に伴う損失を減らすため、ソ連の参戦が必要だと考えるようになります。同年11月のカイロ会談では、アメリカ、イギリス、中国が対日戦協力を約束。また、ドイツの降伏も時間の問題となっていた１９４５年2月には、ドイツの戦後処理問題を話し合った**ヤルタ会談**の場で、アメリカはソ連（スターリン首相）と、ドイツ降伏の3カ月後に、日ソ中立条約を破棄して対日戦に参加するという旨の密約を取り付けたのでした。同年5月、ドイツが無条件降伏したことで、日本は絶望的な状況のなかで最終局面を迎えることとなりました。

軍需工場などが中心だったアメリカの空襲は、やがて人口が密集する大都市がターゲットとなっていき、１９４５年3月には、10万人の死者を出した**東京大空襲**が行われました。また、同年4月には、アメリカ軍が沖縄に上陸します。かくして、日米最後の地上戦であり、唯一の本土決戦でもある**沖縄戦**が始まります。しかし、沖縄守備軍の目的は県民の保護ではなく、アメリカ軍の本土上陸を遅らせることにありました。沖縄は、事実上「捨て石」とされたのです。7月2日、約19万人もの死者を出し、沖縄戦は終結しました。死者の半数以上は一般住民でした。

7月にはアメリカ、イギリス、ソ連による、ドイツの処理問題を討議した**ポツダム会談**

が開催されました。そして、これとは別個に、対日降伏勧告文書を用意していたアメリカは、イギリス・中国の同意をとりつけて、日本の降伏条件を決めた**ポツダム宣言**を発表します。

このときすでに日本は、全国の主要都市が焦土と化し、敗北はもはや明らかとなっていました。しかし、「国体護持」（天皇制維持）にこだわる政府は陸軍強硬派を抑えきれず、ポツダム宣言を受け入れる決断ができないまま、**8月6日に広島、9日には長崎に原爆が落とされる**という悲劇を招きました。また、この間の8月8日には、ソ連もヤルタ会談の密約に従って満州に攻め込んできました。

これを受け、ついに1945年8月14日、ときの鈴木貫太郎首相が昭和天皇の裁断を仰ぎ、ポツダム宣言を受諾。日本はついに、連合国に事実上**無条件降伏**します。15日正午には、天皇が敗戦を告げた**「玉音放送」**が流れました。しかし、陸軍強硬派のなかには徹底抗戦を唱えるものも少なくなく、放送用の録音盤を奪って玉音放送を阻止しようとする事件まで起きるほどでした。

太平洋戦争における日本人の死者は、約230万人にも上りました。その6割は餓死や戦病死でした。日本は兵站《へいたん》を軽視し、補給が滞《とどこお》ることが多発したため、多くの末端の兵士たちが、餓死や戦病死を余儀なくされた現実があります。多大な犠牲を払い、太平洋戦争は幕を下ろしたのでした。

アメリカ側の原爆投下理由には、ソ連の動向も絡んでいたと考えられます。実際、ソ連は満州に攻め込んだのち、朝鮮半島にまで攻め入り、その戦線は日本の降伏時、現在の北朝鮮と韓国の国境あたりにまで及んでいました。その結果、のちに半島の北側をソ連が、南側をアメリカが統治することになるわけです。朝鮮民主主義人民共和国（北朝鮮）と大韓民国（韓国）の誕生は、第二次世界大戦の「終わり方」が大きく影響しているのです。

日本の抵抗が長引けば、ソ連に日本の一部、あるいは半分程度を奪われる危険性が高まります。**タイミングがずれれば、朝鮮半島ではなく、日本が南北に分かれていた可能性もあった**ということですね。そのため、アメリカは一刻も早く決着をつけたかった。これも、原爆投下という選択がなされた一因です。

日本が失ってしまったものは何か

太平洋戦争が開戦してまもない1941年1月8日、全軍に「生きて虜囚《りょしゅう》の辱《はずかしめ》を受けず、死して罪禍の汚名を残すこと勿《なか》れ」の一節で有名な「戦陣訓」が示されました。武士道の影響もあり、日本社会のなかにはもともとこうした考え方が根づいていましたが、「戦陣訓」はそこに巧みに入り込み、兵士たちを戦場へと鼓舞し、玉砕をも厭《いと》わない精神を強制していきました。

1944年10月の**レイテ沖海戦**では、初めて**神風特別攻撃隊**が編成されました。これは、爆弾を搭載した飛行機もろとも敵艦に体当たりするという、文字通り決死の攻撃でした。海軍の敷島隊5機による攻撃では、敵艦1隻を撃沈しました。日本の12隻もの戦艦が一つも敵艦に打撃を加えることができなかったことを考えると、これは大きな戦果でした。

以後日本は、**人間魚雷「回天」**、**特攻艇「震洋《しんよう》」**、**人間機雷「伏龍《ふくりゅう》」**など、さまざまな特攻用兵器を開発します。特攻用兵器の搭乗者は、多くが17歳から22歳くらいの青少年たちでした。自爆テロの原型をつくったと考えることもできます。

召集兵で埋め合わせられていく戦線、子どもまで動員して行われた兵器製作、人柱のごとく投入された特攻隊――いつの間にか日本は、「敗者の理性」を完全に失ってしまっていたといえるでしょう。

第5章　すがるべき原理の喪失

現代

昭和時代　オキュパイド・ジャパン

天皇が「人間」になったのはいつか

敗戦後まもなくして、ＧＨＱによる日本占領が始まりました。

日本の主権は北海道、本州、四国、九州の四つの島と、連合国の定めた諸小島に限られ、ここについてはアメリカ軍主導の間接統治方式が採られました。**間接統治方式とは、基本的には日本の法律、政治組織を活用するという方式です。**植民地はすべて失い、南樺太と千島列島はソ連に奪われ、沖縄、奄美諸島、小笠原諸島はアメリカ軍の直接軍政下に置かれました。

占領の目的は、非軍事化、民主化によって、**日本が再びアメリカや東アジア地域にとって脅威とならないようにする**ことでした。

１９４５年9月には、日本軍の武装解除と軍需生産を全面禁止とし、東条英機ら戦争犯罪容疑者39人を逮捕します。また、連合国への批判を規制するために、新聞をはじめとする出版物を取り締まるプレス＝コードも開始。この検閲は、個人の手紙等へも及びました。10月には、治安維持法をはじめとする治安立法の廃止や、政治犯の釈放、特高警察の解体、天皇に関する自由討議などを含む人権指令を出しますが、ときの東久邇宮《ひがしくにのみや》稔彦《なるひこ》内閣（東久邇宮は皇族出身）は、これを拒否して総辞職します。

そのため、ＧＨＱ最高司令官だったマッカーサーは、次いで成立した幣原《しではら》喜重郎《きじゅうろう》内閣（幣原は外交官）に対し、人権指令の具体的内容を含む五大改革を口頭で指令します。秘密警察などの廃止、労働組合の結成奨励、経済機構の民主化、教育制度の自由主義的改革、女性への参政権付与の５つです。この年の12月には新選挙法が制定され、女性参政権が早くも実現しました。

翌１９４６年１月には、天皇が自ら神格を否定した詔書を発表。この内容にマッカーサーも大いに満足の意を表します。ちなみにこの詔書は、そのなかに「人間」や「宣言」の文字は含みませんが、その内容から**人間宣言**と呼ばれています。また、この頃、戦争を支持、推進したとされる人物を公的職務から追放する「公職追放」も行われ、その数は20万人にものぼりました。

なぜ天皇は戦犯とならなかったのか

1946年5月には、東京市ヶ谷の旧陸軍省に設置された「極東国際軍事裁判所」にて、A級戦犯容疑者に対する裁判が始まり、最終的に28人が起訴されました。うち、東条英機ら7名は死刑に処されます。このとき、天皇は戦犯となりませんでした。**マッカーサーが、日本を円滑に占領統治するには、天皇の存在が必要だと考えた**ためです。

当初、占領統治するべく来日し、厚木の飛行場に降り立ったマッカーサーは、たとえば、暗殺を企図する銃弾などが自分めがけて撃ち込まれるのではないかと、かなり警戒していたといいます。それより前に入った先遣隊から、大丈夫であるとの報告は受けていたものの、日本人というのは少し前まで太平洋上で、特攻隊のような常軌を逸した攻撃をしかけてきた人たちだという認識があったので、何をするかわからないと思っていたわけです。また、ポツダム宣言受諾を納得していない人々がゲリラ化することも予測されたため、占領政策の前に、2、3年はゲリラ掃討戦をやる必要があるかもしれないとも想定していました。

ところが、そうした事態にはならなかった。「玉音放送」の効果は絶大だったのです。

アメリカは、日本の円滑な統治のためには天皇の存在を利用したほうが得策だ、という判断を固めていきます。

日本国憲法は「アメリカに押しつけられた憲法」なのか

マッカーサーは幣原内閣に憲法改正を示唆し、政府は改正案作成に着手します。国務大臣・松本烝治《じょうじ》を委員長とし、天皇機関説を主張していた美濃部達吉らも加わって進められました。1946年1月には、政府の改正案がまとまります。

しかし、2月1日に毎日新聞がこの内容をスクープし、改正案内容が大日本帝国憲法と大差ないものだと知ったGHQは、急遽、GHQ案を構想しました。2月8日に政府が改正案を提出するとこれを拒否し、2月13日には、GHQ案に基づく修正案作成を要求しました。

実は、対日占領政策決定の最高機関としてアメリカ、イギリス、ソ連による極東委員会の設立が決まっており、その第一回会議開催が2月26日に迫っていました。憲法案がここで審議にかかれば、ソ連の反対にあうことは必至だったため、その前に形にしたかったというわけです。

極東委員会は、その審査の機会を委員会に与えるべきだと主張しましたが、マッカーサーは無視します。3月にはGHQ案を基に政府が改正案を完成させ、4月には発表して国民の支持も得ます。こうして1946年11月3日、「日本国憲法」が公布され、翌1947年5月3日に施行されました。

さて、この日本国憲法は「アメリカに押しつけられた憲法」だという議論がしばしば起こります。確かに、GHQ主導のもと、原案も英語で作られていたため、そう思われることが多いのですが、この**GHQ案も、実は日本の民間の憲法研究会が作成した「憲法私案」をベースに作られている**のです。

東大教授だった高野岩三郎ら知識人7人による憲法研究会が発足し、「主権在民、立憲君主制」を唱えた「憲法草案要綱」が1945年12月、発表されました。これがGHQ内部でただちに翻訳され、GHQ案の叩き台となったのです。戦前の価値観とはかなり異なる新たな基軸を彼らが打ち出せたのは、当時の最先端のものを取り入れていたからです。たとえば憲法9条は、1928年の第一次世界大戦後に締結された不戦条約を下敷きにした規定でした。人類が紆余曲折を経てたどり着いたものは取り入れよう、せっかく新しく作るのだからできるだけ最先端でいこう、と考えたわけです。また、占領下であったにせよ、帝国議会でも枢密院でも審議され、そこでも相当修正が加えられました。したがって、全面的に押しつけられたものではないのです。

ちなみに、この帝国議会が行われたのは、1946年6月から。つい2カ月前の4月の選挙で、女性参政権が初めて実際に行使され、これにより39名の女性が当選を果たしていました。この帝国議会には、彼女たちも参加していたのです。まだまだ不十分ではありましたが、この憲法は、日本初の男女による普通選挙で選ばれた代表によって審議され、可決されたものであり、代議制の原則にも則ったものでした。

こうして「**主権在民、平和主義、基本的人権の尊重**」を基本原理とし、象徴天皇制が盛り込まれた日本国憲法が、生まれることとなりました。

GHQの改革はどのようなものだったか

1945年10月頃から、GHQは教育改革や農地改革にも取り組みます。

教育においては、民主化と自由主義化を目指しました。まず、公職追放の一環で教職追放令を出し、軍歴があったり、軍国主義的であったりした教師の追放を命じました。修身、日本歴史、地理の授業も停止します。

1947年には教育基本法と学校教育法が制定され、**教育の機会均等、9年間の義務教育、男女共学や、六・三・三・四制**などが規定されました。

またGHQは、海外市場獲得のための戦争に日本が突き進んだ一因は、国内市場の狭さにあると考えていたため、農民の状況や労働者の待遇を改善し、購買力を上げようと考えます。

1945年12月に、農地改革を指令しました。日本には当時、寄生《きせい》地主制（土地集積に成功し、高率の現物小作料に依拠して生活するようになった地主のことを、寄生地主といいます）が定着し、小作人が大量にいましたが、**全小作地の80%を解放し、大量の小規模な自作農を生み出しました。**土地という私有財産を手にした農民たちの購買力は上がり、国内市場も拡大。そしてそれは結果的に、農民の政治的保守化を促すこととなりました。

一方、労働環境においては、**労働組合法・労働関係調整法・労働基準法などの労働三法**を制定していきました。

アメリカによる財閥解体は成功したのか

GHQは当初、財閥も軍国主義の温床になったと考えていました。そこで、三井、三菱、住友、安田などの15財閥の資産を凍結し、解体を命じます。1946年8月には持株会社整理委員会が発足し、委員会が指定した会社からは、その所有証券をすべて譲り受けて売却し、株式を民主化しました。また、1947年には独占禁止法・過度経済力集中排除法を制定。カルテル行為（企業連合による価格協定）を禁止し、既存の大企業の分割が試みられました。

財閥解体も基本的には、日本人が二度とアメリカに刃向かわないようにすることが目的でしたから、もちろん道理に従ってではありますが、企業を「徹底的に貧しくする」ことを目指していました。

たとえば、三菱重工業クラスの企業であれば、数千社に分割する予定だったのです。社長一人に社員数人というイメージです。そうなると経営なんてわからないので、みんなつぶれてしまう。ちょっと大きくなるところが出てきたら、今度は独占禁止法ですぐまた元に戻す。これを10年くらいやると、日本社会から完全に経済マインドが消え去るわけです。日本人みんなが、「もう経済活動なんてせずに、カントでも読もう」みたいな発想になることを狙ったのです。そんなことをやられたら完全に経済はアウトなので、日本側は必死に抵抗しました。

ところが、そうこうしているうちに米ソの対立が激しくなっていき、アメリカの占領政策が大きく方向転換します。財閥解体は頓挫しました。**非常に中途半端な形での解体になったことが、実はのちに日本に大きなメリットをもたらす**ことになるのです。

こうした占領政策を精力的に展開する一方、アメリカ兵たちは、休日になると町に出て、ポケットいっぱいに詰めたチョコレートを、にこやかに子どもたちに配り歩きました。占領下日本の光景というと、この光景が思い浮かぶという人も多いはず。「ギブ・ミー・チョコレート」が最初に覚えた英語だったという子どもも、実際多数いました。

他国を占領する軍隊などというものは、普通なら憎悪の対象になってもおかしくありません。日本の占領下でも、摩擦や反発、あるいは犯罪や汚職は生じました。それでも、日本を事実上占領した米軍は、日本社会から基本的に歓迎された、と概括して間違いではないでしょう。

その要因の一つとして、いわゆるミーハー層の心をがっちりつかんだ点を指摘することができそうです。いずれにしても、**アメリカの日本占領は、成功例として歴史に残るものになりました。**

冷戦の激化で日本経済はどう変わったか

米ソを中心とする東西二大陣営の対立（冷戦）は、次第に本格化していきました。アメリカの占領政策は、ガラッと変わることになります。アメリカにとって日本は**「共産主義の防壁」という位置づけに変わり、一刻も早い日本の経済復興と自立が必要だと考えられるようになった**のです。

こうして1948年には、財閥解体は大幅に緩和され、翌年にはGHQ財政金融顧問ドッジによるドッジ＝ラインと、財政学者シャウプによる勧告がなされ、日本の経済自立化策が出されました。

ドッジ＝ラインでは、赤字を認めない緊縮予算策定のほか、日本経済をドル経済圏と直結させるための、単一為替レート（1ドル＝360円）の設定などがなされます。また、シャウプ勧告では、所得が増えるほど税率も上がる累進所得税制を採用する一方、企業に利益を蓄積させるため、法人税は優遇されました。これは以後長い間、日本の税制の基本となりました。

昭和〜平成時代　独立したのはいいけれど

朝鮮戦争は世界大戦になる可能性があったのか

冷戦の激化が進むにつれ、アメリカは、日本を早期に独立させて西側陣営の一員に組み入れようと考えるようになります。講和を結べば独立できることから、日本でも1949年頃から、その早期実現を望む声が高まっていきました。

ここで、**ソ連、中国を含む全交戦国と講和すべきだとする「全面講和」か、まずは西側諸国と講和して早期自立を目指すべきだとする「単独講和」**かで、国内で論争が起こります。東大総長の南原繁《なんばらしげる》をはじめとする知識人や革新政党側は、全面講和を支持しましたが、ときの吉田茂内閣は、それらを非現実的な空論として退け、単独講和路線を推進しました。

また、同時に成立予定だった日米安全保障条約（日米安保条約）の内容も、冷戦下での日本の立ち位置を規定する性質をもち、国民的議論を巻き起こすものとなりました。

1950年、緊張が高まっていた韓国と北朝鮮の間で、ついに朝鮮戦争が勃発します。いうまでもなく、これは米ソの代理戦争でした。アメリカ中心の国連軍（1945年10月に設立された、国際連合によって編成された軍事組織。このときの最高司令官はマッカーサー）が韓国側に立つ一方、ソ連と、最終的に中国が中心となって北朝鮮側に立ち、激しい攻防が繰り広げられました。

日本全土に展開されていた米軍基地は、国連軍の出撃・補給基地としての役割を果たします。これにより再軍備政策が強引に展開され、それまでの**非軍事化、民主化に完全に逆行するこうした流れは、「逆コース」という流行語をも生み出しました。**

同時にそれは経済活性化をも大きく促し、日本の経済はここで一気に息を吹き返します（特需景気）。

朝鮮戦争は、第三次世界大戦になる可能性がかなり高かった戦争でした。マッカーサーは、原爆使用も視野に入れた満州攻撃を主張していました。満州はソ連にとって補給路、補給基地にあたりますから、そこを断つという戦略です。

この主張により、マッカーサーはときの大統領・トルーマンから、日本占領軍・国連軍最高司令官を解任されますが、もし満州攻撃が実行されていたら、この戦争はとてつもないものになっていたことでしょう。

一方で、ソ連が、米軍の出撃補給基地である日本を攻撃してくる恐れもありました。日本社会で行使できる影響力を用いて、占領や米軍基地に対する反発を高めるという手が使われる可能性もあります。この時期の日本には、社会主義革命前夜という雰囲気も漂っていました。

だからアメリカは、早急に日本を独立させ、西側陣営へと組み入れる必要があったのです。

アメリカは、**日本を友好国として確保するため、日本への賠償請求権放棄など「寛大な講和」路線を推進しました。**また、吉田内閣はじめ、日本の国民の間でも、単独講和支持が強くなっていきました。

その原因としては、朝鮮戦争の発生による危機意識の高まりと、革新陣営側の分裂や後退が挙げられます。この頃、共産党は武装闘争戦術を正式に採って国民の支持を失い、日本社会党は、左派社会党（講和・安保の両方に反対）と右派社会党（安保にだけ反対）に分裂していったのです。

こうして1951年9月、サンフランシスコ講和会議にて日本は、ソ連、中国等を除く

48カ国との講和を実現し、サンフランシスコ平和条約に調印します。

主な内容は、戦争状態の終結と日本の主権回復、朝鮮・台湾などの旧植民地の放棄、沖縄・奄美諸島・小笠原諸島の信託統治化などでした。信託統治とは、国連の監督のもと、ある国家が一定地域を統治することですが、実際にはアメリカは、これらの地域を自らの施政権下に置くこととなります。

賠償に関しては、アメリカは無賠償としようとしますが、東南アジア諸国が反発して難航。最終的に、**日本軍の占領によって損害を受けた国のみ、日本経済の存立が可能な範囲内において、役務（技術や労働力）提供の賠償請求ができる**ものとしました。

日本は、フィリピン、ビルマ（現ミャンマー）、インドネシア、南ベトナムとの賠償協定を締結し、その他、ラオス、カンボジア、韓国などへも賠償的性格をもつ資金供与を行いました。この賠償支払いは1977年に完了しますが、これが結果的に、これらの国々に対して日本が経済進出するきっかけにもなりました。

そして、この講和会議では**日米安保条約も成立**します。この条約は、日本はアメリカに駐留権を与えるものの、駐留軍は日本防衛の義務を負わないなど、片務的内容となっており、全体として、日本をアメリカの極東戦略のなかに組み入れようとする性格の色濃いものでした。また、期限も設けられていませんでした。その改定をめぐり、のちに安保闘争が巻き起こることになるわけです。

こうして早々に占領期は終了し、日本は独立を果たしました。現在、日本製のものには「MADE IN JAPAN」と記載されますが、この占領下日本における輸出品には「MADE IN OCCUPIED JAPAN」と刻印するよう、GHQから命じられていました。この刻印が使われたのは、民間貿易が開始された1947年から、講和条約が発効する1952年までの5年間のみ。その希少性から、コレクターたちの熱望の対象にもなっています。

政党はいかにして復活したか

敗戦後すぐの1945年秋頃から、各政党も次々に活動を再開させていきました。

1945年10月には、三・一五事件で獄中にあった徳田球一と志賀義雄の釈放により、日本共産党が合法政党として再開します。そして11月には、戦前の旧無産政党を糾合して日本社会党が結成され、片山哲が書記長となりました。

同月、日本自由党と日本進歩党も結党します。日本自由党は、旧立憲政友会系で、戦前の翼賛選挙における非推薦議員を中心としており、総裁は鳩山一郎でした。一方、日本進歩党は戦前の翼賛体制を担った議員が中心となって結成しましたが、公職追放で9割以上の議員を喪失。のちに日本自由党の一部などを糾合して、民主党となります。総裁は芦田均《ひとし》でした。

この頃から、冷戦下の国際社会の動向に呼応して、日本の政党においても「保守」と「革新」の対立構造が、より明確に表れるようになっていきます。

1946年5月、幣原内閣に代わり、第一次吉田茂内閣が誕生します。これは戦後初の政党内閣であり、日本自由党と日本進歩党の連立内閣でした。その後、日本社会党の片山内閣となり、民主党の芦田均内閣と続きます。そして1948年以降、また吉田内閣（民主）自由党）となり、今度は第二次から第五次の長期政権となりました。

第一次のときに「日本国憲法」の公布と施行、第二次以降で、サンフランシスコ平和条約と日米安保条約を締結した吉田内閣は、「ワンマン政治」との批判を浴びつつも、日本を敗戦国から独立国にし、経済成長への基盤を築きました。ただ、同時にそれは、冷戦下におけるアメリカと軌を一にすることをも意味し、戦後日本の大きな方向性がこのときに決定づけられたのです。

吉田内閣は、GHQという強大な存在がいなくなった状態のなかで、体制維持のための政策を推進していきます。平和条約と安保条約が発効した1952年には、破壊活動防止法(破防法)を公布。人々の間では、戦後一旦廃止された、治安維持法の再来だとの危惧から、反対運動も起こりました。

また、1954年には「MSA協定」に調印。これは、日米相互防衛援助協定など4協定の総称で、アメリカが日本へのさまざまな援助を約束する代わりに、日本は防衛力の強化と、アメリカに各種の便宜を提供することを約束するものでした。これにより、防衛庁が新設され、自衛隊が発足します。

吉田内閣のあと、鳩山一郎内閣が成立しますが、それまでの間には吉田、鳩山、両者の激しい抗争がありました。そしてそれが、現在の自民党を誕生させるきっかけとなったのです。

55年体制はどんな経緯で成立したか

この時点からさかのぼること8年前、1945年に日本自由党総裁となった鳩山は、戦後初の総選挙を経て、最初の首相となる予定でした。ところが直前に公職追放となり、やむなく鳩山は、吉田に総裁就任を要請。吉田は、「公職追放が明けたらこの座をお返しします」と約束したうえで首相の座に就き、鳩山は政界から一旦引退しました（第一次吉田内閣）。

ところが1951年、鳩山が追放を解除されて戻ってみると、吉田は頑としてその座を明け渡しません。ここから両者は対立を深め、鳩山は、岸信介、河野一郎、三木武吉《ぶきち》、石橋湛山《たんざん》ら22名とともに、自由党を脱党し、衆議院内で「反吉田」路線を掲げて、「院内会派・自由党」を結成しました。

この頃吉田は、少し前に議会で「バカヤロー」と暴言を吐いたことなどもあり、その求心力を低下させつつありました。1954年12月の首班指名選挙では、鳩山が改進党（重《しげ》光葵《みつまもる》が結党）を糾合して日本民主党を結成し、首相に就任します。

吉田内閣が対米協調路線を採ったのに対し、鳩山は対米自立路線を目指しました。したがって、アメリカ関与のもとにつくられた憲法でなく、日本人自らの手による憲法を制定しなければならないとして、憲法改正を唱えます。

また、アメリカに取り込まれることなく自立するためとして、再軍備（自衛力増強）と自主外交を掲げ、日ソ国交回復を追求していきました。のち、1956年には、日ソ共同宣言調印を果たします。

主な内容は、日ソ間の戦争状態の終結と国交回復、日本の国連加盟支持（同年12月、日本は国連加盟を実現）、日本に対する賠償金請求の放棄、歯舞《はぼまい》・色丹《しこたん》島の返還などでした。ただ、こののち日ソ（現在は日露）は領土問題で対立し、平和条約は締結されないまま、現在に至ることとなります。

一方、講和問題で左派と右派に分裂していた日本社会党は、1955年の総選挙で左右両党ともに議席を伸ばしました。これには、戦争にすっかり懲りていた国民が、再軍備や改憲論議を推進する保守政党への警戒感を強めたことと、社会主義への期待感が大きく影響したものと考えられます。

すでに記しましたが、この頃の日本には、どこか革命前夜のような雰囲気がありました。ソ連が健在で、東欧諸国に社会主義圏があり、中国も社会主義国になっていました。そうなると、ユーラシア大陸のほとんどが社会主義国だということになります。当時は、社会主義が世界の大勢になりそうに見受けられたのです。実際、東大で新入生に支持政党のアンケートを採ると、1970年代に入る頃までは、圧倒的多数が共産党を挙げました。

さて、総選挙での大躍進から、日本社会党は「これは政権交代が可能だ」と考え、

1955年、再統一を果たします。危機感を強めた**保守陣営は、やむなく日本民主党と自由党とで手を結ぶことになりました。こうして、自由民主党（自民党）が誕生することとなったのです。**

総選挙の結果、日本社会党の議席は三分の一程度となりました。三分の二程度の議席を占めて安定政権を維持する自民党と、三分の一程度の議席を保持し、政権交代はできないものの改憲阻止はできる日本社会党。**この二党が対立を続ける体制が形成されたのです（55年体制）。**

冷戦下において、社会主義に親近感をもつ者は革新陣営に投票する、これで、保守陣営が願う平和憲法否定型の憲法改正は阻止できて、少し溜飲は下がる。しかし、議会で多数派を形成して体制を転換させることはできず、アメリカの極東戦略は揺るがない——これが55年体制です。

社会主義に向かおうとするエネルギーの放出を許しつつ、資本主義体制を保持するという点で、55年体制は壮大なガス抜き装置といってよいものでした。

自民党政権の優勢には、実は農地改革も大きく関係しています。戦前は、農村というと小作人がほとんどでした。しかし戦後になってみんな自作農になり、守るものができた。

社会主義になったら、集団農業で土地の私的所有が否定されますから、農家の多くは保守陣営を支持したのです。

安保闘争とはいかなるものか

1957年2月、岸信介（自民党）が首相に就任します。

岸は、経済官僚として満州に渡って満州経済の軍事化にあたったのち、東条内閣で商工大臣を務めた人物です。戦後はA級戦犯容疑者として逮捕され、獄中生活を送るも、不起訴・釈放となり、1953年の選挙で衆議院議員に当選していました。岸は、「日米新時代」を唱え、片務的内容だった安保条約を、アメリカとより対等な内容へと改定し、日本の国際的地位の向上を目指しました。

1960年1月、日米相互協力及び安全保障条約（新安保条約）に調印。新安保条約の内容は、アメリカの日本防衛義務の明記（共同防衛義務を規定）、在日米軍の行動に関する事前協議制などで、条約期限は10年（以後自動延長によって継続）とされました。

以前にも増して、日本がアメリカの軍事戦略に深く取り込まれるのではないか——この条約の締結は、そうした懸念を、人々のなかに呼び起こすこととなり、革新陣営側も激しく反発しました。しかし岸は、1960年5月19日、委員会で安保改定案を強行採決し、翌日の本会議でも可決。これを機に、すでに盛り上がっていた運動は一挙に議会制民主主義擁護という性格を強め、**全国的に60年安保闘争が繰り広げられることとなります。**

デモや大規模集会に集った人々は560万人にも上り、激しさを増す闘争のなかで、全学連運動家で東大生だった樺《かんば》美智子さんが、機動隊と衝突して圧死するという事件まで起こりました。これを受けて岸は、この条約が自然承認された4日後、首相を辞任することになりました。

高度経済成長の裏側には何があったのか

以降、自民党政権は、国中を揺らすような政治課題で革新陣営側と対立するような事態は避け、高度経済成長を促進するという路線を採ります。そのほうが確実に国民の支持を得られるからで、実際それは、自民党政権の長期化をもたらす一因となりました。

1960年、岸内閣に続いて成立した池田勇人内閣は、「寛容と忍耐」をスローガンに掲げ、「政治の季節」から「経済の季節」への転換を図ります。日本では、さかのぼること1955年から、大型景気が始まっていました。それが**「神武景気」**と**「岩戸景気」**。

この後にも**「オリンピック景気」**と**「いざなぎ景気」**が続くことになります。

1960年に政府は、「所得倍増」をスローガンに10年間で国民の所得を2倍にすることを目指す計画を決定しますが、実際の経済成長はそれを遙かに超えるものとなり、計画の8年後には日本のGNPは、資本主義国のなかでアメリカに次ぐ第2位となりました（ただし、このときでも国民所得は世界第20位）。

先に、中途半端な財閥解体が、日本にメリットをもたらしたとお話ししました。それは、冷戦が深刻化するなかで、日本に早く経済的自立を果たしてもらいたかったアメリカが、その方針を変えたからでした。これにより、数千社に分割する予定だった三菱重工業クラスの企業も、のちに合併することを前提に3社に分けるだけ、となりました。財閥の頂点に位置する持株会社だけは解体され、それぞれの大企業だけが残ったため、企業同士の合《がっ》従連衡《しょうれんこう》が容易になりました。これが、高度経済成長に寄与したと分析されているのです。

また、公職追放は民間人も含んでおり、大企業の経営陣などもみな、その対象となりました。ここで、経営陣の若返りが一挙に進みます。彼らの思い切った戦略は、経済の活性化を促していきました。GHQの戦後政策とその後の変更が、思わぬところでもたらした利益。怪我の功名ともいえるものです。

1964年には、「東京オリンピック」が開催されます。これは日本にとって悲願でした。もともと1940年に開催が決まっていたものの、日中戦争拡大によって中止された過去があったからです。このオリンピックには、日本の経済復興と国際社会への復帰を世界にアピールするとともに、人口が集中し始めていた東京の、都市整備を推進する意図もありました。アジア初ともなるオリンピックは、国民の自信回復を大いに助けました。

1964年11月、池田内閣に次いで佐藤栄作内閣が成立します。佐藤は岸信介の実弟で、高度経済成長を後ろ盾に、7年8カ月という長期政権を維持しました。佐藤は日韓基本条約調印、非核三原則表明、沖縄返還協定調印を行い、ノーベル平和賞を受賞した人物としても知られています。

戦後、日韓の国交正常化交渉本会談は1952年から始まりましたが、途中、何度も中断していました。朝鮮半島情勢を懸念するアメリカの働きかけもあり、交渉14年目の1965年にやっと調印となりました。ただし、韓国を「朝鮮にある唯一の合法的な政府」とした点などが議論を呼ぶことになります。

同時に佐藤は、沖縄返還に執念を燃やしました。**非核三原則**（核兵器をもたず、つくらず、もちこませず）は、これに関連して佐藤が国会答弁にて行った表明で、法律や条約ではありません。アメリカ占領下における沖縄には、大量の核がもちこまれていたため、返還時、沖縄に核が存在しないこと、また今後ももちこまれることがないことを約束させるために、この原則が衆議院決議されました。以後、唯一の被爆国である日本の国是として扱われるようになったのです。しかし、実際には、核が必要だとアメリカが判断したときには日本は核もちこみを認める、という密約が存在したと考えられています。

かくして1972年、沖縄は返還されることとなりました。しかしそれは、米軍基地の安定的確保との引き替えともいえるもので、現在も日本の米軍基地の7割以上が沖縄県に集中するという問題が継続しています。

一方この頃、野党では、1960年に安保闘争をめぐる対立を発端として、日本社会党から民主社会党が分立（のちに民社党と改称）。また、1964年には、創価学会を支持母体とする公明党が結成されました。こうして野党乱立の様相を呈していきますが、これが、支持率、得票率が長らく低下傾向にあった自民党を、優位にさせる一因にもなりました。

日本経済の転機となった変革とは何か

1955年から始まった高度経済成長は、1973年の「第一次石油危機」まで続きました。それには、朝鮮戦争に起因する特需景気や、西側の国際経済秩序である、**ブレトン=ウッズ体制**への参加なども大きく関係していました。

ブレトン=ウッズ体制とは、1944年にアメリカと欧州の大国主導のもとに発足した通貨体制のことで、IMF（国際通貨基金）、IBRD（世界銀行）の創設と、GATT（関税及び貿易に関する一般協定）の締結により、通貨、金融、貿易の3側面から、アメリカが主導的に西側資本主義陣営の経済を支えていくという体制です。従来は金本位制が採られてきましたが、このとき、金との引き換えを保証されたドルを基軸通貨とすることが決められたのです。ブレトン=ウッズ体制への参加で、日本は経済面でも国際社会への復帰を果たしたのでした。

1960年代に入ると、アメリカの国際収支は悪化していき、日本は逆に、その急激な経済成長によって欧米諸国から圧力を受けるまでとなります。日本は講和・独立後も、国内産業保護のため、厳しい輸入制限を設けていましたが、欧米諸国、とくにアメリカからそれを撤廃し、貿易を自由化するよう求められます。これにより、1950年代末には40%未満だった日本の輸入自由化率は、1960年代前半には90%以上にまで上がりました。

また、開放経済体制への移行措置も、次々行われていきました。ＧＡＴＴの第11条で加盟国は輸出入数量制限が禁じられていますが、国際収支が悪化している場合は第12条が適用され、最小限の輸入制限が認められています。日本は１９６３年、12条の対象から外れ、11条国へ移行しました。

ＩＭＦにおいても、その第８条で、加盟国の経常的国際取引に対する統制を禁止していますが、経済力格差などにより、その履行が困難な国には第14条が適用され、統制が認められています。日本は１９６４年、14条の対象から外れ、８条国へ移行しました。

これらの動きは「第二の黒船」といわれ、経済が植民地化されるのではないかと恐れられましたが、一方で国際社会に対し、日本経済の地位向上をアピールするものともなりました。

また、１９６４年には**ＯＥＣＤ（経済協力開発機構）にも加盟**して、資本の自由化が要請され、外資系企業の日本進出のハードルが低くなります。１９７１年には、東京銀座の三越内に、日本マクドナルド一号店が開店することになりました。

こうして、日本は急速に経済成長を遂げていきましたが、環境への配慮という視点にまったく欠けていたため、水俣病、新潟水俣病、イタイイタイ病、四日市ぜんそくの四大公害病に代表されるような、深刻な公害問題も引き起こすこととなりました。

中国との国交回復はいかにして成し遂げられたか

戦後の講和は単独講和となり、ソ連と中国が入っていませんでしたが、中国に関しては、講和がなしえなかった理由として**「二つの中国」問題**が関係していました。

中国ではもともと、国民政府と共産党が対立しており、日中戦争直前に両者が「一致抗日」を掲げてまとまったものの、1945年8月の戦争終結以降、また分裂していました。1949年に共産党が北京に中華人民共和国を樹立すると、国民政府側は台湾に渡り、中華民国と称しました。こうして正統政権たることを主張する二つの中国ができ、現在に至っています。講和の際も、中華民国政府（台湾）を支持するアメリカと、中華人民共和国政府（大陸）を支持するイギリスの意見が対立したため、どちらも講和会議には呼ばれなかったのです。

1952年、日本はアメリカの意向に従って、中華民国を講和の相手に選び、中華民国と日華平和条約を締結。日本と中華民国との戦争状態の終結や、賠償請求権の放棄などが規定されました。

一方、中華人民共和国とは国交を回復できないままでしたが、1970年代に入ると、中国とソ連が激しく対立。これにより、対米関係を改善したいと考えた中華人民共和国が、アメリカに接近します。1971年7月、アメリカのニクソン大統領の訪中計画が突如発表され、翌1972年には実現しました。

中国政策については一致し、変更の際は事前に相談を受けると信じていた日本は、これに大きな衝撃を受けました（ニクソン＝ショック）。ちなみに、この直後にニクソンによって発表された、ドル防衛策（金とドルの交換停止、10％の輸入課徴金の賦課など）による衝撃（ドル＝ショック）も、**ニクソン＝ショック**と呼ばれることがあります。

佐藤内閣に次いで成立した、ときの田中角栄《かくえい》内閣は、1972年7月の総理就任後、すぐさま訪中を実現させ、日中共同声明を発表。**戦争状態の終結と、日中の国交正常化が宣言されました。**ここでは、日本が戦争を通じて中国国民に重大な損害を与えたことへの深い反省が明記されるとともに、中華人民共和国が「中国の唯一の合法政府であること」が規定されました。

これにより、日華平和条約は破棄されることとなりましたが、その後も日本と台湾は親密な関係を継続しています。

その後福田赳夫《たけお》内閣に替わってから、１９７８年、日中平和友好条約が結ばれます。この条約は、そのなかの「覇権条項」をめぐって日中の意見が対立したため、共同声明から条約締結までに時間がかかったという経緯がありました。当時、中国はソ連を主要敵に位置づけていたため、条約でもソ連批判を明確にするよう日本側に求めていましたが、日本は「全方位外交」方針を採り、ソ連を刺激したくなかったため、これに抵抗。結局、双方が「覇権反対」を表明しつつ、「この条約は、第三国との関係に関する各締約国の立場に影響を及ぼすものではない」という条文も加えることで、折り合いをつけました。

バブルはなぜ起きたのか

田中内閣は、日中共同声明の発表などを成し遂げた一方、国内では「列島改造」という国づくり政策を展開しました。その主旨を説いた『日本列島改造論』は、当時90万部を超える大ベストセラーとなりました。

田中は、明治元年以降の約１００年間、日本では東京への一極集中が進んだと指摘。田中の改造論は、それにより起こった過疎と過密の問題を、太平洋ベルト地帯に集中した諸産業を地方都市へ分散し、それらを新幹線、高速道路などの交通網で結ぶことで解消するという構想でした。これは、その後の国土開発の基礎となった一方、多くの土地投機を招き、地価高騰を引き起こす原因ともなりました。

1980年代に入ると、歴代内閣で閣僚を務め、田中派の支持をとりつけた中曽根康弘が内閣を組織。中曽根は、外交面では「西側陣営の一員」路線を標榜します。「日本列島不沈空母化」「三海峡封鎖」構想に象徴されるように、アメリカの対ソ戦略構想に日本を組み込む方針を明確にし、日米韓関係強化や、防衛費の増額（1987年に防衛費の対GNP比率1％枠を突破）を行いました。また、内政面では「戦後政治の総決算」を唱え、官営機関の民営化をはじめとする行財政改革、教育改革、税制改革などを推進しました。

1980年代後半になると、日本は空前の好景気（バブル経済）を経験します。 これは1985年のプラザ合意を契機にしたものでした。

当時、日本経済が上向き、アメリカに日本製品が大量に輸入され続けたため、アメリカの企業は苦戦を強いられていました。こうしたなかで、アメリカの呼びかけにより、日本、イギリス、フランス、西ドイツの蔵相がニューヨークのプラザホテルにて会議を開催。この場で、参加各国が外国為替市場において、ドル安となるよう協調介入を行うことが決定されたのです。その影響で、「円高ドル安」となった日本は不況に陥り、公定歩合を引き下げるという方法を採ります。5％から2・5％と、一挙に半分に下げたのです。

金利が下がってお金を借りやすくなったこともあり、預貯金よりも資金が増える土地や株などに多くの人が手を出しました。日本には当時、経済が上向けば必ず土地は値上がりするという「土地神話」があり、これもこの傾向を助長しました。実際、短期間のうちに土地や株の値段はみるみる高騰しました。バブルです。明らかに異常事態の域に達していたため、政府・日銀はこれを阻止するべく、**不動産融資の総量規制や公定歩合の引上げ**に踏み切ります。公定歩合も2・5％から、今度は一気に6％に引き上げられ、**バブルは崩壊しました。**

これが1991年から1993年頃のこと。その後も経済は上向くことなく、**「失われた二十年」**と称される不況が続きました。

震災が日本人に残した思想は何か

1995年1月17日、兵庫県の淡路島北部を震源とした大地震が発生し、**阪神・淡路大震災**が引き起こされました。当時としては気象庁観測史上初となる震度7を記録し、死者は関連死を含めて、6434人にも上りました。戦後初の大都市直下型地震で、住居をはじめ、ライフラインや道路、鉄道などに至るまで、甚大な被害がもたらされました。

また、2011年3月11日には、東北地方太平洋沖で、日本の観測史上最大のマグニチュード9・0という本震に伴う巨大地震と大津波が発生し、**東日本大震災**が引き起こされました。この大津波により、福島県の海岸線に位置する福島第一原発では、6基の原子炉のうち4基が全電源喪失という事態に陥り、放射性物質が大量に大気中に放出されることとなりました。

この事故は、国際的な事故評価尺度で最悪の「レベル7」と評価されます。これは、1986年のチェルノブイリ原発事故に匹敵するレベルです。放射能汚染の問題は、今なお解決に至っていません。死者は関連死も含め、19418人（2016年3月1日現在）にも上っています。

日本は複数のプレートの上に位置し、太古より地震大国で、数多くの震災に見舞われてきました。そうした震災の多さは、いつしか『方丈記』や『徒然草』に代表される無常観ともいうべき思想を、私たちのなかに醸成していきました。無常観という諦念にも似た哲学は、時として私たちを苛みながら、寄り添い、支えもする存在として、どこか醒めながらも不屈な、日本人独特のアイデンティティをつくってきました。

震災は、確かに悲劇です。一瞬にして多くの人の命が奪われ、築いてきたものが崩壊し、震災孤児なども生み出します。物理的な回復はもとより、精神的ダメージの回復にも多くの時間を要します。その爪痕は深く、課題は山積しているといわざるをえません。

しかし、人も社会も試練を経て成長していくもので、震災もまた、一つのチャンスともいえるのです。

よい例の一つが、**関東大震災**です。大震災に見舞われて、更地のような状態になったからこそ、関東には最新鋭の工業技術が取り入れられ、結果的に京浜工業地帯が生まれることとなりました。これにより、東京と横浜が、一気に関西圏を追い抜いていったのです。

このときの復興計画を担ったのが、後藤新平《しんぺい》でした。日清戦争の勝利で割譲された台湾の経営に、児玉源太郎《げんたろう》とともにあたり、のちに満鉄の初代総裁も務めた人物です。彼の復興計画はいわゆる「大風呂敷」で、大批判を浴びてだいぶ縮小されましたが、元が大きいので、縮小されても、長くそのエッセンスが残るんですね。

こういう大風呂敷が、今はなかなか難しくなっているようです。でも、**ゼロだからこそできることがあると捉え、大風呂敷を広げてみる**——それが、地震大国・日本を生き抜くうえで大切な知恵の一つになるのではないかと思うのです。

おわりに　日本はどこに向かっていくべきか

歴史は常に多様な人々が動かしてきた

歴史を繙《ひもと》いてみると、実に多様な人々によって動かされてきたことがわかります。誰もが同じように考え、一つの方向しか向いていない社会は、早晩確実に衰亡します。そういう意味では、ダイバーシティ（多様性）を認める共生社会が模索され出したのは必然的なことだといえるでしょう。

単一民族神話を信奉したり、多様性を否定したりする人たちがいることも事実です。しかし、それらをも包摂《ほうせつ》し、認めていくのが本当の多様性。すべてを呑み込みつつ、日本が世界中から「奇妙な国だよね」と言われるくらいになれば、相当希望がもてる気がしています。

いうまでもなく、日本が単一民族国家だなどというのは誤りです。日本人のルーツには、縄文人と弥生人という二つの系統がありました。縄文人は南方、弥生人は北方由来です。

また、我々の歴史は、多くの渡来人によって支えられてきました。ヤマト政権の制定した氏姓制度では渡来人にも姓を与えていましたし、神道は、仏教・儒学・国学などあらゆるものと融合することで、自らを語ってきました。渾然一体、これこそが日本という国のカタチをつくってきたのです。

日本は島国なので、「ここは日本という一つの国だ」という意識が残りやすいのですが、たとえば江戸時代は、280くらいに分かれた小国連合体に近い状態で、これを幕藩体制と呼んでいるだけです。そもそも、近代国家というもの自体、壮大なる幻想にすぎません（国民国家論）。

ところが、日本はこの近代国家の象徴ともいえる、大量生産型の社会で、一度大成功を収めてしまいました。大量生産型モデルが輸入された明治期以来、日本は徐々に経済成長していきましたが、その成功の最たるものは、1950年代から1970年代にかけての高度経済成長期です。

同じように働き、同じように休みを取ってまた働く大量生産型社会は、機械的、画一的、集団的であることを強制します。学校で、教室という場に大勢がそろって座り、50分の授業を受け、10分という短い休み時間をとり、一斉に給食を食べるというのも、基本的には、工場や軍隊でのシステムに合わせるためのものでした。

しかし、こういった大量生産型モデルが機能する時代は過ぎ去っています。過去の成功体験にすがりついていても、空しいだけでしょう。

現代社会が求めているのは、とても非効率な混沌のなかに潜む輝きです。なかなか消えない同調圧力に抵抗しながら、どうやって「奇妙なもの」になるかを全身全霊で考えてほしいと願っています。

その際、歴史を動かしてきた人物たちの、さまざまな活躍ぶりも参考になるはずです。困難な局面を乗り切るには、あらゆるベクトルの存在が不可欠なのです。

社会の変化が激しく、多様性が要請される今、〝安住の地〟はありません。あらゆる場が変転、溶解、消失と隣り合わせであり、それは組織も例外ではないでしょう。どうか、「奇妙な人」と呼ばれることを恐れないでください。決して安牌をとることなく、土俵際で戦うことを楽しんでください。

そんなマインドこそ、これからの日本を動かしていくに違いないと信じています。

あとがき

日本では、理系受験生の大半と文系受験生の半分近くは、自国の歴史を受験科目にすることなく、大学入試へと向かいます。自宅周辺の散策は、もしかすると、語学より大切なことかもしれないのに、そう考えるのは、無視しうる程度の少数派でしかないようです。

結果として、たとえば海外で仕事をする日本人は、とにかくびっくりするほどよく恥をかく。自宅の周辺で迷子になってしまう水準では、来日外国人を本当のところでもてなすこともできないでしょう。「コイツはニセモノ？」という臭いを強烈に発してしまい、ビジネスにマイナスの影響を与えることもあります。

本書は、こうした情けない現実を少しでも変えたいと願ってまとめられました。気楽な気持ちで読みながら、それでもピンときたところがあったら、どうかどうか少し探索の旅を試みてください。

隣の小さな公園にモグラの穴があった！――。そうした、それだけだったらどうでもよさそうに見える蓄積の一つ一つが、この社会のもつ価値と魅力を確実に高めていってくれます。

最後に一言。

『大人の日本史講義』に深くかかわったのは、小元佳津江さん・上原昌弘さん・大木瞳さんの3人です。講義と称した、かなり気ままな僕の話に何回も何十時間もつきあい、録音された音声などをもとに元原稿を作成してくれました。

当初の原稿は長大なものでした。削って削って、また削って、逆立ちしながらの綱渡りを経て、ようやく刊行にこぎつけることができました。

小元さん・上原さん・大木さんに、この場を借りて、あらためて深く御礼申し上げます。

平成30年3月

野島博之

【ま行】

【や行】

【ら行】

【わ行】

【た行】

索引

＊本書は、野島博之への数十時間におよぶロングインタビューと下記の参考資料をもとに、小元佳津江が執筆した原稿を、野島自身が書き下ろしを含めて再構成したものである。

【参考資料】（順不同）

・東大教室（学研プライムゼミ）全講義（春期講座～直前講座、2016～2017）
・野島博之著『謎とき日本近現代史』（講談社現代新書）1998.8
・野島博之著『中学から使える詳説日本史ガイドブック上／下』（山川出版社）2016.8
・野島博之監修『一冊でわかるイラストでわかる　図解日本史』（成美堂出版）2006.8
・野島博之著『謎とき日本近現代史』（講談社）1998.8
・『改訂版詳説日本史B』（山川出版社）2017.4

カバーデザイン：坂川朱音（krran）

執筆：小元佳津江

カバー写真：安倍晋三▩ James F. X. O'Gara、三内丸山遺跡・興福寺五重塔・法隆寺夢殿・太陽の塔▩ 663highland、樹皮葺き竪穴式住居▩小池隆、浅草寺阿弥陀如来像▩ KENPEI、東京タワー▩東京太郎、横浜赤レンガ倉庫２号館・皇居正門石橋▩ Kakidai、白山神社能舞台▩ Tak1701d、東京駅全景▩東京特許許可局、原爆ドーム▩ Oilstreet、国会議事堂、安田講堂▩ Wiiii

ストーリーで学《まな》び直《なお》す

大人《おとな》の日本史講義《にほんしこうぎ》

古代《こだい》から平成《へいせい》まで一気《いっき》にわかる

平成30年４月10日　初版第１刷発行

著　者　野島博之《のじまひろゆき》

発行者　辻　浩明

発行所　祥伝社《しょうでんしゃ》

〒101-8701
東京都千代田区神田神保町3-3
☎03(3265)2081（販売部）
☎03(3265)1084（編集部）
☎03(3265)3622（業務部）

印　刷　堀内印刷
製　本　ナショナル製本

ISBN978-4-396-61646-5　C0021　Printed in Japan

祥伝社のホームページ・http://www.shodensha.co.jp/